JN074249

新版

まなびの入門会計学

第4版

会社の役割
会計制度の仕組み
複式簿記の仕組み
財務諸表を読む
流動資産／固定資産
負債と純資産／収益と費用
キャッシュ・フロー計算書の読み方
財務状態を読む
収益性を読む
原価計算制度
戦略的コスト・マネジメント
経営管理への役立ち

Ozawa Yoshiaki　小澤義昭
Yamada Ichiro　山田伊知郎　編著
Nakamura Tsunehiko　中村恒彦

中央経済社

執筆者紹介（執筆順）　　　　　　　　　　　　　　　　（執筆部分）

中村恒彦（Nakamura Tsunehiko：桃山学院大学教授）　　［第1章，第5章，第6章］

小澤義昭（Ozawa Yoshiaki：桃山学院大学教授）　　［第2章，第3章，第4章］

金光明雄（Konko Akio：桃山学院大学准教授）　　［第7章，第8章，第9章］

濱村純平（Hamamura Jumpei：桃山学院大学准教授）　　［第10章，第11章，第12章］

山田伊知郎（Yamada Ichiro：桃山学院大学教授）　　［第13章，第14章］

新版第4版への序文

　本書は、「新版序文」で述べていますように、「会計学」を初めて学習する皆様に、最新理論の基礎をできるだけ平易に説明することを目的にしており、さらには、2年次以降の専門科目受講の糧になるものを目指しています。このように、本書は、会計学の「基本の基本」を学ぶための基礎テキストですので、内容が急に大きく変わることはありません。しかしながら、2018年の『新版まなびの入門会計学（第3版）』の発刊から、6年が経過し、その間に「収益認識に関する会計基準」が施行されました。また、時価の詳細なガイダンスの制定に伴い、棚卸資産の評価や金融商品に関する会計基準が改正されています。これら以外にも財務諸表の表示や税制の改訂に伴い変更となった会計基準もあります。つまり、制度会計面では、会計基準の国際化の影響を受けて変更が加えられました。また、この間に社会もコロナ禍を経験し、デジタル化が進み、経済社会に変化が生じてきています。そこで、これらに対応すべく、6年ぶりに本書を改訂することといたしました。

　具体的には、上記の変化を受けて、第8章「収益と費用」の収益認識に関する部分を書き換えるとともに、第4章「財務諸表を読む」の拡充を行い、第12章の表題を「原価計算制度」に変更し内容の充実を図り、第13章「戦略的コスト・マネジメント」の新設等を行いました。

　また、新版3版までは、各章末に「参考文献」を紹介しておりました。第4版では、読者の皆様のさらなる学習に役立つ書籍を紹介するという目的を明確にするために、この「参考文献」を「さらに学習を深めるための書籍」という表題に変更し、対象となる書籍も充実させました。さらに、これら以外にも時代の変化に合わせて加筆修正を行いました。

　本書が会計学を初めて学ぶ皆様にとってわかりやすいテキストとなることを期待して，執筆者も桃山学院大学経営学部の専任教員5名のみとし，綿密な打ち合わせに基づき，本書を執筆しています。

　最後に，本書の編集にあたりご尽力くださった学術書編集部の長田烈氏には，深く感謝を致します。

2024年早春

編集代表

小澤　義昭

山田伊知郎

中村　恒彦

●新版への序文●

　近年，企業の会計に深く関係する，商法の改正，会社法の創設，証券取引法から金融商品取引法への法整備などが相次ぎ実施されました。それにともない，財務諸表等規則・会社計算規則・監査基準等，各種会計制度にも大きな改正が行われました。こうした変化に見合うよう本書をアップ・トゥ・デートなものとするためには，部分的な「改訂」では，とうてい間に合わず，全面的に書き改めなければならなくなりました。今般の「新版」発行となった背景です。

　本書の場合，内容的にわかりやすいことを最優先としながらも，大学のテキストとしての〈品位〉は断じて譲るべきでない。2年次以降の専門科目受講の糧になるものでなければならない。こうした理念を実現するため，新版は桃山学院大学会計担当専任教員7名だけで執筆することになりました。寄せ集めモザイクでない，読者に対して責任のとれる整合的なテキストにしたいと考えたからでした。

　新版は全体で14章からなっています。大学の経済学部・経営学部・商学部等用のテキストとして，いちおう半期2単位・全14回講義を念頭において章建てしています。ただ，この点はあくまでも一つの目安と考えてください。授業の現場では，かならずしもそのように進行しないケースも多いことでしょう。私たち執筆者は，それでもかまわないと思っています。

　街に氾濫する会計書（実用書）がその典型ですが，すぐに役立つものは，すぐに役立たなくなります。世の常です。他方，長く役立つものは，多少なりとも腰をすえて読み込まないと，頭に残りません。この新版も，わかりやすいことを目指しましたが，会計書のもつ技術論という宿命（原罪）

からは逃れられません。読者に対し，面白味のない思いをさせる時も，まあるかと思います。

　そんな時は，立ち止まって少し休みましょう。人生，息抜きが必要です。その意味で，新版においても読者にはできるだけ飽きがこないよう，各章にコラムを設けました。コーヒー・ブレークがわりに，会計をめぐるさまざまなエピソードを，知的に楽しく読んでいただければ幸いです。

　この新版でも，各章の末尾に練習問題を付けました。その目的は，あくまでも読者にそれぞれの章の理解度をご自分で確認してもらうためです。あまり意味のないクイズまがいの問題は，いっさい出していません。面倒がらずに解いてみてください。解答は本書の巻末に全章分まとめて提示してあります。解答をみて，もし不正解でしたら，本文の中の該当箇所に戻って再読してください。そして，理解の足りなかったところをカバーしたうえで，次の章に進んでください。

　本書の解説は会計についての第一歩，すなわち「基本の基本」です。ただ，会計という学問は，これはこれで，けっこう奥の深いところがあります。練習問題の後に（第4章と第14章を除く），参考文献を2冊ずつ挙げておきました。学習してみて，それぞれの章のテーマについてもう少し知りたいという興味が湧きましたら，次のステップとして参考文献をお読みください。

　以上のような新版の趣旨が読者に了解され，初版および第2版に劣らず多数の人びとに迎え入れられましたなら，それに勝る喜びはありません。

　なお，新版ができあがるまでには，中央経済社編集部の皆さんにたいへんお世話になりました。それにしても，読むことと書くことは大違いです。テキストは飛ばし読みできても，わかりやすく書くとなると，容易ではありません。私たち執筆者にも，執筆が進まないときがありました。その間，福谷早苗氏によるねばり強い励ましがなかったら，新版の発行はもっと遅

くなっていたことでしょう。また，新版の企画にあたっては，早い段階で
竹内伸介氏から貴重なアイデアをたくさんいただきました。両氏に対し，
この場を借りて厚くお礼申し上げます。

2010年　盛夏

編集代表

全　　在　紋

朴　　大　栄

谷　　武　幸

●目　次●

第1章

会計の役割

1 はじめに

　読者の皆さんは，お金に関わる職業や仕事といえば，なにを思い浮かべますか。「銀行員」「証券外交員」「デイトレーダー」などの**金融関係の職業**を思い浮かべますか？　それとも，「医師」「弁護士」「公認会計士・税理士」などの**年収が高い職業**を思い浮かべますか？　前者は，お金が不足しているところとお金が余っているところの橋渡しをする職業です。後者は，高度な専門的知識を必要とし，国家などによる資格認定のある職業です。本書で学ぶ会計も金融と資格に深くかかわっている分野です。

　一方，会計という言葉は，日常的には「支払い」や「金勘定」くらいの意味で用いられています。たとえば，お店や料金の支払いを「お会計」と呼び，そうした支払いに備えるために生活費の「やりくり」をすることを指します。したがって，会計は，お金の受け取り（収入）とお金の支払い（支出）を記録して，その結果から生活を成り立たせていく活動ともいえます。さしあたり，「会計」（accounting）とは，**金銭の収入と支出を記録し，その結果を計算・報告すること**といえるでしょう。

　いずれにしても，会計は，お金と資格に深くかかわっていそうです。実際ところ，会計にかかわる職業，たとえば，「**公認会計士**」「**税理士**」「**国税専門官**」「**最高財務責任者・財務担当役員・監査役**」「**経理部長・経理部**

員」のいずれも，会計にかかわる専門知識を有し，お金にかかわる仕事や業務に就いていることには違いがありません。

　このうち，公認会計士・税理士・国税専門官は，高度な専門的知識を有し，かつ国家試験に合格した者だけがなれる会計のプロフェッショナル（**職業会計人**）です。そのほかの職業も企業の幹部あるいは重要部署で働く人々です。各種の検定試験の合格や豊富な実務経験を武器にして，会社の中で活躍しています。

2 簿記と会計

　会計は，身近なものでいえば，請求書やレシートにかかわって，個人が日常の支払いを管理していく活動をいいます。これ以外では，国や地方自治体の予算・決算，企業の決算発表，事業主の確定申告などのさまざまな場面で登場します。大雑把にいえば，会計はお金の管理・運用になりますが，組織の会計は，個人の会計と異なって，複雑な取引や決済をしなければならないことがあります。

　たとえば，事業主の確定申告では，定められた帳簿を作成・記帳すると（青色申告と呼ばれる），さまざまな方法で税金を減らすことができます。経営者自らが帳簿を作成することが理想ですが，会計に詳しい専門家に相談することも重要です。街中でみかける税理士事務所や会計事務所は，経営者の帳簿作成や収支管理や税金申告を支援するサービスを提供しています。

　ここで最初に注目したいのが帳簿を作成することです。一般には**簿記**（bookkeeping）と呼ばれています。もとは「帳簿記入」という言葉の略語であり，帳簿記入の技術を指します。とくに，金銭の出入りが頻繁な人たちや，大金を扱う企業経営者は，金銭の収支をその都度その都度しっかり記録する必要があります。簿記は，

そうした記録を記帳する方法だといえるでしょう。そのため，会計の授業では，簿記が授業の大部分を占めることもありました。

一方で，経営者が作成した帳簿から報告書が作られます。この報告書は一般には**決算書**と呼ばれています。決算書は，会社の内外の人たちに伝えられます。たとえば，税金も決算書に基づいて計算されます。また，大きな会社の株主への配当も決算書に基づいて計算されます。国や地方自治体では，事前に決めた予算と，実際の結果である決算の差を比較します。このように，会計は，帳簿から作成された決算書の用途についても重要な要素になります。

以上のように，会計には，**技術（簿記）**と**社会的な役割（決算書）**の2つの側面があります。簿記は，レシートや領収書から経費を記帳し，納品書や請求書から売上を記帳する方法です。決算書は，帳簿から作成した報告書で，その結果に基づいて税金・配当などを計算します。会計は「**企業の言語**」と呼ばれることがありますが，それは<ビジネス社会のコミュニケーション手段>という意味です。簿記と決算書の両方を前提として，企業で働くビジネス・パーソンたちは会話しています。

前述したように，会計には，①帳簿の作成と②決算書の報告という2つがあることを学習しました。このうち，①帳簿の作成は，ノートのように紙ベースばかりではなく，「**パソコン会計**」のような電磁ベースのものに変化してきています。そのため，実際には簿記もExcelのような表計算ソフトや会計ソフトで行われています。

それはともかく，現在，大学や専門学校で「簿記」を履修されている読者の皆さんは，通常「**複式簿記**」を学習します。ふつう「簿記」といえば，いわずもがなのうちに「複式簿記」のことを指しています。しかし，広い意味では，「簿記」は「複式簿記」に限りません。簿記は，一般に「単式簿記」と「複式簿記」とに分類されます。

「**単式簿記**」は，金銭の収入や支出を加算・減算し，その結果を記録にとどめる帳簿記入のことをいいます。皆さんの「**こづかい帳**」や，おうち

のお母さんやお父さんがつけている「**家計簿**」などがその例です。単式簿記の長所は，なんといっても，簡単で短時間の学習量でマスターできることです。

こづかい帳や家計簿を総称して，「**現金出納帳**」と呼ぶことがあります。ここでは，現金出納帳の例を見ておきましょう。ゼミの幹事がゼミの仲間の金銭収支を記録した単式簿記の例です（図表1−1）。

図表1−1　単式簿記の例＝現金出納帳

現　金　出　納　帳																		
5月 年	日	摘　　　要	収入金額					支払金額					差引残高					
4	1	ゼミ費徴収	8	0	0	0	0						8	0	0	0	0	
	15	文房具購入							2	0	0	0	7	8	0	0	0	
5	10	お菓子代							3	0	0	0	7	5	0	0	0	
	20	ゼミ備品購入						1	0	0	0	0	6	5	0	0	0	

上記の例では，ゼミ費を徴収したとき，文房具を購入したとき，お菓子を購入したとき，帳簿記入が行われています。複式簿記では，帳簿記入をするかどうかの決め手を「**取引**」かどうかで決定します。すなわち，取引であれば帳簿記入しなさい，取引でなければ帳簿記入してはならない，ということでした。この取引は，単式簿記と複式簿記で違います。単式簿記の場合は，現金の出入りを取引と考えます。ですから，ゼミ費徴収の一部が遅れた場合や文房具の支払いを後払いにした場合には記帳できません。

それでは，複式簿記の「取引」とはなんでしょうか？ 企業経営の場合，取引とは，その事業の財政状態と経営成績に影響を及ぼす現象のことです。**財政状態**とは，一定時点における資産や負債，純資産（資本）の現在高です。**経営成績**とは，一定期間における収益や費用の発生高です。

　これらの資産・負債・純資産（資本）・収益・費用が会計における5つの基本的な「**構成要素**」（elements）と呼ばれています。現金，商品，建物といった項目が**資産**の例です。借入金や未払金といった項目は**負債**の例です。**資産の合計額から負債の合計額を差し引いた残高が純資産（資本）**となります。売上や受取手数料などの項目は収益の例です。仕入や支払利息などの項目は費用の例です。

　要するに，複式簿記の取引とは，こうした資産・負債・純資産（資本）・収益・費用に影響を与える取引のことを言います。実は純資産（資本）の増加原因，費用は純資産（資本）の減少原因になるので，複式簿記とは**純資産（資本）の記録**，すなわち**利益**あるいは**損失**の記録になります。一方，単式簿記は，収入金額から支出金額を差し引いて現金残高を算出する記録，すなわち**現金の記録**になります。したがって，複式簿記は，現金，買掛金その他，さまざまな資産・負債・純資産（資本）の取引結果だけでなく，それら取引の「原因」を収益に属する諸項目や費用に属する諸項目として明示します。

　単式簿記と複式簿記の違いは，数式で表すと次のように表すことができます。

現金出納帳：$\boxed{現金収入 － 現金支出 ＝ 現金残高}$ …①

財政状態：$\boxed{資産 － 負債 ＝ 純資産（資本）}$ …②

経営成績：$\boxed{収益 － 費用 ＝ 純資産（資本）の増減（利益または損失）}$ …③

　ところで，企業には，1人の人間（自然人）により経営される個人企業と，複数の人間（会社）により経営される会社企業があります。個人企業であれ会社企業であれ，企業は利益（利潤）を追求しながら経営されます。利益は，法律で少なくとも1年に1度は計算されなければならないことになっています。利益計算される期間のことを「**会計年度**」といいます。

　企業は儲ける会計年度（利益）もあれば，損をする会計年度（損失）も

あります。歴史的に，儲けた会計年度の利益は「**黒字**」で記載され，損をした会計年度の損失は「**赤字**」で記載されました。「黒字企業」とか「赤字企業」とかいう表現は，ある会計年度におけるその企業の損益状況を示しています。

　会計年度には，はじめとおわりがあります。はじめの日を**期首**（きしゅ）と呼び，おわりの日を**期末**（きまつ）と呼びます。そして，今回，利益計算する期間のことを**当期**（とうき）と呼び，前の期間を**前期**（ぜんき），次の期間を**次期**（じき）と呼びます。財政状態は，一定時点における資産や負債，純資産（資本）の現在高なので，会計年度にかかわって期首と期末の２つの財政状態があります。これに対して，経営成績は，一定期間における収益や費用の発生高なので，会計年度にかかわって１つの経営成績しかありません。

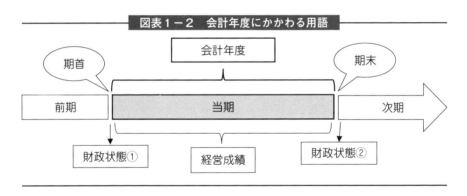

図表１－２　会計年度にかかわる用語

　利益の計算方法には，財産法と損益法があります。まず，財産法は，「財政状態②－財政状態①」で計算できます。財政状態は，②式より「資産－負債＝純資産（資本）」のことなので，④式と表すことができます。さらに，⑤式へと変形できるでしょう。一方，経営成績は，③式のままです。したがって，以下の算式で表すことができます。

財産法：$\boxed{\text{期末純資産－期首純資産＝利益（または損失）}}$ …④

$\boxed{\text{（期末資産－期末負債）－（期首資産－期首負債）＝利益（または損失）}}$

…⑤

損益法：$\boxed{\text{収益－費用＝利益（または損失）}}$ …⑥

　ここで大事なことは，**財産法による利益も損益法による利益も同じ金額になる**ということです。複式簿記は，この2つの算式によって同じ金額の利益を計算する構造にあるといえるでしょう。

3　会計の機能

　企業経営は社会の中で行われており，あくまでも他人と関係するなかで成立しています。個人企業であれ会社企業であれ，企業というのも「社会的存在」です。1店（個人企業）あるいは1社（会社企業）で独自に完結するように経営されているわけではありません。社会における他人・他店・他社など，さまざまなステークホルダー（利害関係者）との関係の中で事業展開されています。

　企業を取り巻く各種のステークホルダーを列挙してみると，顧客・税務当局・投資家・債権者・得意先・仕入先・経営者・従業員などがあります。

　企業は社会的存在であるために，自らの経営内容を社会（ステークホルダー）に対して報告（説明）する責任を負っています。こうした企業の対社会的な説明責任のことを「**会計責任**」（accountability）と呼んでいます。

　企業の会計責任については，大別して2つの機能（役立ち）が認められます。**情報提供機能**と**利害調整機能**です。情報提供機能とは，たとえば投資家や得意先その他のステークホルダーに対し，投資意思決定や与信意思決定の拠りどころになる会計情報（財務情報）としての役立ちです。ここでいう情報提供機能

の投資意思決定とは，たとえば投資家が関心を寄せる企業の株式を売ったり買ったり保有するのに，財務諸表が役立つことを意味します。また，与信意思決定とは，銀行が借り手にお金を貸すかどうかに，財務諸表が役立つことを意味します。

これに対して，利害調整機能とは，たとえば税務当局に対し，課税所得決定の拠りどころとなる会計情報（財務情報）としての役立ちです。税務署は，会社が申告した決算書をチェックして本当かどうかを確認します。もし税務署が決算書に関する疑義を見つけた場合には調査に乗り出し，決算書の不備や不正を摘発します。これに対して，会社は，税務署の疑いに対して，帳簿やその証拠書類を用いて不備や不正でないことを説明しようとします。

会計は，財務情報を受ける相手方が企業の外部者であるか，内部者であるかによって，「**財務会計**」（financial accounting）と「**管理会計**」（management accounting）とに区別されています。そのため，財務会計は「**外部報告会計**」と呼ばれ，管理会計は「**内部報告会計**」と呼ばれていたりします。財務会計は，主に外部利用者のために，法律やその他の規則にしたがって，決算書を作成します。これに対して，管理会計は，主に内部利用者のために，自社の経営管理・経営計画に役立つ情報を独自に作成します。

大学や専門学校における講義科目でいうと，商業簿記，株式会社会計，財務会計論，国際会計論，監査論，税務会計論などは，主として財務会計に属しています。また，工業簿記，原価計算，戦略管理会計，コスト・マネジメント，経営分析などは，主として管理会計に属しています。財務会計科目は，法律やその他の規則に関する内容が多いですが，管理会計科目では，企業間競争に打ち勝つために組織を管理する計算やその手法を学びます。

したがって，会計にはルールが決まっている領域とそうではない領域があります。しかも，ルールが決まっていたとしても，それが法律ではない

ケースがあります。とくに,「**会計基準**」と呼ばれる決算書（財務諸表）に関するルールが大きな特徴です。会計基準は,「一般に公正妥当と認められた会計原則（Generally Accepted Accounting Principles：GAAP）」とも言われ,企業会計の実務の中から発展したものなかから,公正妥当なものを要約したものです。現在では,**企業会計基準委員会（Accounting Standards Board of Japan：ASBJ）** と呼ばれる民間組織が日本の会計基準を作成しています。

　一方,海外でも同様に,会計基準の作成は民間団体に委ねられています。国際会計基準審議会（The International Accounting Standards Board：IASB）が作成する「**国際財務報告基準**」（International Financial Reporting Standards：IFRS）および「国際会計基準」は世界共通の会計基準となっています。日本国内でも「国際財務報告基準」に従って作成された決算書を使用することができます。

4　まとめ

　会計は「企業の言語」といわれます。言語とは,広い意味でのコミュニケーション手段です。もし「企業の言語」たる会計をまったく理解せずに,ビジネスの世界に飛び込んだとしたら,どうなるでしょうか。うまくコミュニケーションを図ることができず,きっと困るはずです。

　では,会計は会社の中ではどのように扱われているのでしょうか。会社の会計情報はまず経理部に集まってきます。たとえば,営業社員の出張時における旅費・交通費・交際費や売上代金の回収,工場で製品の製造にかかった材料費・加工費,銀行から借り入れたお金にかかった利息などの情報です。経理部は,それらを正確に記録・計算して決算書の基礎となる会計情報を作成します。経理部で作成された会計情報は,最高財務責任者・財務担当役員の指示・監督のもとで,決算書や経営管理に必要な情報へと加工されます。

　こうして作成された決算書などは,取締役会の決議と監査役のチェック

を経て，株主その他のステークホルダーに報告されます。このとき，大きな役割を果たすのが公認会計士です。大きな会社では，公認会計士が法律の定めに従って監査人として決算書をチェックしなければなりません。この場合には，多くの公認会計士は，**監査法人**と呼ばれるグループを組織し，共同で監査業務にあたります。

　また，決算書は，税金の決定にも利用されます。このとき，税理士は，税務書類の作成・税務代理・税務相談を会社に提供します。また同時に，税理士は，とくに中小企業向けに，経営計画の指導やリスクマネジメントの助言といった業務を行っています。一方，税務署は，会社から提出された税務書類をチェックするとともにその内容に調査します。そのなかでも，国税専門官は，税務署や国税局において，税のスペシャリストとして，国税の賦課・徴収に従事しています。

　以上のように作成される会計情報は，経理部や財務担当役員のように会計情報に直接触れる部署でなくても重要です。たとえば，営業部は，とくに会社の売上という視点から製品・商品・サービスの販売活動に従事しています。また，工場は，とくに製品の材料費や加工費という視点から生産活動に従事しています。このように，会計は，企業のさまざまな部署でのコミュニケーション手段になっています。

| Column | **「会計」の語源をご存知ですか？** |

　「会計」という漢語は，英語では "accounting" といいます。その語源（原義）は【ac-「強意」＋ count "数える" ＝ すっかり数え上げる → 説明すること，報告すること】〔中島節『メモリー英語語源辞典』大修館書店〕だとされています。

　また，司馬遼太郎の『街道をゆく19 中国・江南のみち』（朝日文庫）をみると，「会稽ハ会計也。という解釈は『史記』のむかしからある。稽は計と同じ意味をもち，会計のことである。銭勘定のことを会計という例は『孟子』にあるから，言葉としては古い。会稽も会計も，もともと「人をあつめてかれらの功績を計ること」で，論功行賞の意味であった」（224頁）とあります。

　"accounting" も「会計」も，「数える」ことに違いはないのですが，「人はなぜ数えるのか？」，問題はそれです。ただ「数えるためにだけ数える」のではないでしょう。「数える」ことには，目的が別にあったはずです。語源からして，その目的（機能，役割）は，英語の場合は「説明すること，報告すること」であり，漢語の場合は「功績を計ること（論功行賞）」だった，ということになるでしょう。

　本書の第1章で，1つの会計が2つの機能（役割，目的）を果たしている，と述べました。情報提供機能と利害調整機能です。会計研究の最近の動向としては，2つの機能のうち，国内・国外ともに意思決定のための情報提供機能重視の論調が圧倒的多数です。にもかかわらず，プライスウォーターハウスクーパース監査法人による14ヶ国，16業種にわたる近年の調査によれば，経営者や投資家が重視する情報の75％以上は非会計情報だとのことです。なんとも示唆的です。研究（議論）と現実（実際）とが，噛み合っていないように見えます。

「説明すること」「報告すること」「功績を計ること（論功行賞）」，それらはいずれも，〈独り言（ひとりごと）〉ではなく〈対話〉です。対話は常に，相手の反応を〈先読み〉してなされています。そこに，対話者相互間の《利害調整》が働きます。会計の主たる役割は，世界の大方の論調とは違って，情報提供機能よりもむしろ利害調整機能にある，といえるでしょう。

◯ 練習問題 ◯

1 下記の空欄にあてはまる語句を入れ，文章を完成させなさい。

1．簿記は「単式簿記」と「複式簿記」に大別されます。こづかい帳や家計簿などは［ ① ］簿記の例です。

2．複式簿記とは純資産（資本）の記録，すなわち［ ② ］あるいは損失の記録になります。一方，単式簿記は，収入金額から支出金額を差し引いて現金残高を算出する記録，すなわち［ ③ ］の記録になります。

3．利益は，法律で少なくとも1年に1度は計算されなければならないことになっています。利益計算される期間のことを［ ④ ］といいます。

4．会計年度には，はじめとおわりがあります。はじめの日を期首と呼び，おわりの日を［ ⑤ ］と呼びます。そして，今回，利益計算する期間のことを［ ⑥ ］と呼び，前の期間を前期，次の期間を次期と呼びます。

5．利益の計算方法には，［ ⑦ ］と［ ⑧ ］があります。まず，［ ⑦ ］は，「期末純資産－期首純資産＝利益」で計算します。一方，［ ⑧ ］は，「収益－費用＝利益」で計算します。

6．1つの会計が，同時に果たす2つの中心的な機能は，［ ⑨ ］提供機能と［ ⑩ ］調整機能です。

7．［ ⑪ ］会計は「外部報告会計」と呼ばれ，［ ⑫ ］会計は「内部報告会計」と呼ばれます。

（解答は210ページ）

【さらに学習を深めるための書籍】

① 野口昌良ほか編『会計のヒストリー80』中央経済社, 2020年

　本書は, 財務会計や管理会計に関連した歴史を紹介しています。たとえば, 中世イタリアの複式簿記や18世紀イギリスの減価償却, 現代の国際会計基準や新しい管理会計技法までを歴史から知ることができます。

② 全在紋『会計言語論の基礎』中央経済社, 2004年

　本書は, 意味関係論（ソシュール言語学）に立脚した本格的な会計言語論です。天動説から地動説へ。読者は, 天文学における発想（パラダイム）転換に劣らぬ知的な刺激を実感されることでしょう。

③ 全在紋『会計の力』中央経済社, 2015年

　権力者は言語を媒介にして, あらゆる学問に対し奉仕を強制しています。「企業の言語」としての<会計>には, はたして権力の横暴に抗戦できる力があるでしょうか。本書は, やさしい卑近例で, それを探っています。

第 **2** 章

会計制度の仕組み

1 はじめに

　第1章では，会計の役割について説明をしました。社会の中において，会計は，個人の決済・支払い，国家の予算・決算，企業の決算発表，事業主の確定申告など，色々な局面において利用されています。また，その社会的役割の側面から見ると，会計は「企業の言語である」とお話をしました。会計が言語であるなら，使われる単語は同じ意味をもち，同じ使いまわし，言い換えれば同じ文法を使用する必要があります。しかし，単語が同じ意味をもつといっても，人によりその解釈は微妙に異なります。たとえば，「りんご」という単語を聞くと，ある人は「赤色」を頭に浮かべ，別の人は「黄色」を連想するかもしれません。会計も共通の企業言語ではありますが，企業とのかかわりによっては，微妙に異なる言語として存在することとなります。さらに，簿記と会計との関係について，単式簿記と複式簿記の関係や財産法と損益法についても説明しました。

　そして，第1章の最後に，会計の機能として，**情報提供機能**と**利害調整機能**があるということも簡単に説明をしました。情報提供機能とは，財務諸表によって企業の実態を**利害関係者**に報告する機能をいいます。外部の利害関係者は，会社の実態を正確に知りえる立場にありません。しかし，彼らは意思決定のための何らかの情報が必要となります。例えば，投資家であれば，その会社の株式を購入すべきかどうかの意思決定，銀行であれば，その会社に融資をすべきかどうかの意思決定などがあります。そこで，会計制度に基づき作成された財務諸表を使えば，会社の業績を把握するこ

とができます。また，利害調整機能とは，財務諸表によって企業の現状の姿を明らかにし，利益相反する複数種類の利害関係者間の調整を行う機能を指しています。これについては，本章の第7項において詳しく説明をします。

　それでは，前述の第1章の話を前提にしまして，会計制度について話を進めていきましょう。

2　制度の会計とは

　制度の会計の話をする前に，会計には**財務会計（外部報告会計）**と**管理会計（内部報告会計）**があることをお話しします。財務会計は，株主と**債権者**（銀行等）など企業外部の利害関係者に報告することを目的にしています。それに対して，管理会計は，経営管理に役立つ資料を企業内部の経営者に提供することを目的にしています。管理会計（内部報告会計）は，企業の内部の話ですので，当事者間の意思疎通が容易ですが，財務会計（外部報告会計）は，企業と利害関係者の距離が遠く，意思疎通を図ることが簡単ではありません。

　制度の会計とは，企業の外部の利害関係者に対する説明責任を果すための会計を意味します。この場合，株主や銀行などが外部の利害関係者に該当します。株式会社の場合は，お金を出す人（**株主**）と，企業を経営する人が別です（**所有と経営の分離**）。別だということは，経営者は株主から「経営を任されている」ことになります。皆さんも，任された仕事があったら，その進捗や結果を報告しますよね。それと同じように，経営者は，自分の成績（会社の業績など）がどうだったのかを，株主に説明しなければならないわけです。それが「**制度の会計**」です。

　本章では，制度の会計としての財務会計を取り上げ，その主体としての企業の代表が株式会社ですので，その歴史から振り返り，その後，意義ならびに財務会計制度の仕組みをお話し，さらに，それを取り巻く法律を合わせて解説します。

3 株式会社の歴史

　企業経営には，多額の資金が必要です。製品開発のために研究を行い，製品製造のための準備を行い，製品製造のための土地，工場，機械を購入し，工場の従業員を雇用しなければなりません。これには多くのお金が必要となりますが，これを個人で出すのは簡単ではなく，家族や親せきなどに頼るのも簡単ではありません。企業は利益を大きく上げることもあれば，多額の損失を被ることもあります。つまり，投資したお金あるいは全財産をすべて失うリスクもあり，1人でこのリスクを追うのはあまりに危険です。そこで，失っても生活に困らない程度の資金を多くの人たちから募ってリスクの分散をはかり，資金提供者の責任を出資した金額に限ることにしました。これを**有限責任制度**といいます。これによって，利益が出れば出資額に応じて配当を得，損失が出ても出資額までの責任を負えば済むことになり，割と安全な資金の運用先と認める人々が増えてきました。これが，**株式会社**制度です。

　世界で最初の株式会社は，1602年に設立されたオランダ東インド会社といわれており，それから400年以上経っています。会社の組織形態には，2006年施行の会社法によって新設できなくなった有限会社をはじめ，合名会社や合資会社があります。また，2006年の会社法で新しく認められた合同会社などがあります。色々な形態がありますが，その多くは株式会社です。これは，企業活動にかかわるすべての人にとって，株式会社の形態が優れた特徴をもっているからです。では，株式会社はどのような特徴を持っているのでしょうか。次にそれを述べていきます。

4 株式会社の特徴

　株式会社の特徴として，①前述の有限責任制，②株式を出資者に割り当てていること，③**株式の自由譲渡性**，および④所有と経営の分離があります。これらについて下記に説明をいたします。

① 有限責任制とは，前述のように出資者（株主）の出資額の範囲に責任を限るということです。この出資金額の範囲に責任を制限することによって，出資者は最悪のケースでもその金額以上にお金を失うことがなく，余裕のある資金のみを他人に任せることができるため安心です。また，会社側は不特定多数の出資者から資金を集めることができるため，大規模な会社経営ができるようになりました。

② 株式は，株主が会社に資金を提供していることを証明します。ただし，出資金額自体を証明するものではありません。株式の価格は常に変動するからです。株式は，株主の地位や権利を表します。**議決権，利益配当請求権，残余財産分配請求権**などがそれです。株主は会社の最高議決機関である株主総会に出席し，会社の重要案件に対して議決権を行使することができます。また，出資割合によって会社を所有するわけですから，会社が稼いだ利益の分け前にあずかる権利（利益配当請求権）もあれば，会社を解散する場合に残った財産の分配を請求する権利（残余財産分配請求権）もあります。

③ 株主は所有する株式を自由に譲渡することができます。ここでは，株主の売り手と買い手がいますから，譲渡価格は両者の合意のもとで決められ，当初の出資金額にしばられません。会社にとっては，株主は株式を所有する人であって，換言すれば，株主の人格は関係ありません。会社にとっては，株主が誰に代わろうが関係はないのです。この意味で，会社所有者の人間関係を重視する合名会社などを**人的会社**と呼ぶのに対して，株式会社は**物的会社**と呼びます。

④ 本来，会社を所有する株主は利益の分配にあずかることを目的としながら，責任は出資した金額の範囲に限られ，議決権はあるものの，経営そのものに直接かかわるのではなく，それは経営能力の高い人たちに任せます。また，株式を売買することによって，いつでも株主になったり，株主をやめたりすることができるため，会社の所有自体も非常に形式的なものとなっています。現代の株式会社の特徴の第1番

目は，この**所有と経営の分離**といわれています。

5 株式会社と利害関係者

　株式会社が大きくなると，その周辺には多くの**利害関係者**が出てきます。株主はその代表ですが，先に述べたように所有と経営の分離が進むと，株主の中には利益配当請求権の実を重視して，株主総会に出席して議決権を行使することに無関心となる人達が多くなります。株式を売買する証券市場が整備されたことによって，株主の交替が頻繁に行われ，所有の意味も希薄になってきます。ここでは，現在の株主である人も，将来株主になろうとする人も同じ性格を持った利害関係者といえます。現在の株主を**株主**というのに対して，特定の会社を所有すること自体を目的とせず，あくまでも会社を投資対象と見る，将来の株主のことを，**投資家**と呼びます。

　この他にも，利害関係者として，銀行等の金融機関，従業員，規制当局，取引先，顧客がいます。さらに，最近では，企業と環境問題との関係から地域社会も利害関係者に含まれるようになっています。これを図にまとめると図表2－1のようになります。

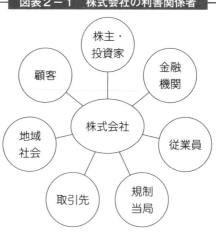

図表2－1　株式会社の利害関係者

　利害関係者とは，読んで字のごとく，相手の行動によって利益を得る場合もあれば損失を被る場合もある主体のことです。誰でも，利益は望ましいが，損失は避けたいと思うものです。そのためには，相手が何をしているか，現状がどうであるかを知ったうえで，利害関係を結ぶかどうか決定するでしょう。そこでコミュニケーションが重要となります。

　1対1の関係であれば，お互いに話し合うことでコミュニケーションをとることができますが，株式会社の場合はどうでしょうか。説明をしてきたように，株式会社の周りには多くの，または，多様な利害関係者がいます。個々の利害関係者と常に話し合いの機会をもつことは不可能です。

　株式会社は多額の資金を集めて組織的に経営を行うため，財力，知力，その他の能力において一般の利害関係者を超える力をもっています。その行動に悪意があれば，多くの利害関係者が甚大な損害を被ることとなります。現代の社会では，相対的に力の強いものに一定の制約を果たすのが法律です。法律が株式会社を規制する手段はさまざまですが，会計制度のもとでは，利害関係者に対する説明責任を果たせることに重点が置かれます。

6　わが国の会計制度の特徴

　株式会社というものについてお話をしてきましたので，次に株式会社に適用される会計制度について少しお話をしておくこととします。まず，会計ルールについてその概要をお話します。最初の部分と重なるところもありますが，少し違った面から説明します。

　会計のルールは，それぞれの国における古くからの習わし，つまり慣行やそれぞれの国で決められている法令等に従って決められています。したがって，世界各国の会計には，その国の法令等が定める特色があらわれます。日本の会計は，一般に公正妥当と認められる「公正なる会計慣行」にもとづいて，判断や評価がされることになっています。公正なる会計慣行とは，1949年に大蔵省企業会計審議会が定めた「企業会計原則」を中心とし，以後，経済・社会の変化にあわせて同審議会が設定してきた会計基準

と，2001年からは企業会計基準委員会が設定した会計基準を合わせたものを意味しています。これらについては，後ほどの章で詳しく説明しますので，本章ではこの程度にとどめておきます。さらに，この会計基準は，経済の多様化，グローバル化に伴う国際会計基準とのコンバージェンス（統合化）をベースに会計ビッグバンと呼ばれる大改正が加えられてきました。今では，欧米の先進諸国に劣らない会計基準となっています。

　日本の会計制度は，この公正なる会計慣行をさまざまな法律が利用することによって作られています。この主なものに**金融商品取引法，会社法，税法**があります。例えば会社法は，株主および債権者保護を目的として配当可能利益の算定を行うために会計を利用しています。また，金融商品取引法は株主や投資家の保護を目的として投資判断に必要な経営成績や財政状態を開示するために会計を利用しています。さらに，税法は課税所得を算定するために，会計を利用しています。これら以外にも学校法人（私立学校振興助成法），独立行政法人（独立行政法人通則法），政治政党（政党助成法）などでもその法律の目的を達成するために，独自の規定を設けて会計を利用しています。これによって企業会計，学校法人会計，公会計など少しずつ異なる顔を持つ会計が発生することとなり，日本の会計制度を構成しています。これを図示すると図表2－2のようになります。

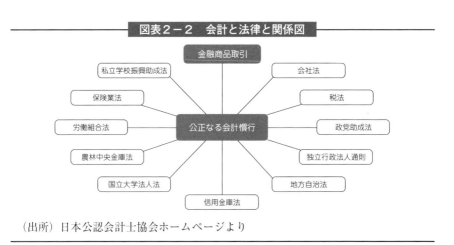

図表2－2　会計と法律と関係図

（出所）日本公認会計士協会ホームページより

　それでは，日本の会計慣行を利用している法律に関して，金融商品取引法，会社法および税法に的を絞り説明をします。

6-1 金融商品取引法（旧証券取引法）

　所有と経営の分離により，会社に出資を行う株主は，会社の経営成績に基づき利益の分配を受けますが，会社経営の将来が自らの想定を下回ると考え，株価がそれなりの条件を満たしていれば，株式を売却してその会社との利害関係を断とうと考えます。反対に，会社の将来が自らの想定どおりか，想定を上回りそうだと考える投資家は，新たに株式を購入しようとします。これらの株主・投資家は，それぞれが妥当と考える株式の売却価格ないし購入価格を想定しています。両者の価格が一致すれば，そこで株式の売買が成立します。しかし，多くの株式会社があり，多数の株主や投資家がいます。その中で，同じ会社に関心をもち，しかも，売買金額が折り合う相手を見つけることは至難の業です。これらの投資家の間を取り持つのが，東京や名古屋などにある**証券取引所**です。株式を発行して多額の資金を調達しようとする株式会社も，株式の売り出しならびに売買が円滑にできるように，証券取引所に株式を**上場**します。これを**株式公開**といいます。

　公開株式を売買しようとする株主・投資家が，直接，証券取引所に注文を出すことはできません。株主・投資家は，証券会社に特定の株式の売買注文を出すこととなります。注文を受けた証券会社は株主・投資家に代わって証券取引所に売買注文を出し，そこで売買が成立することとなります。証券取引所では，株式のみならず，社債やその他の金融商品の売買も取り扱っていますが，ここでは，その代表である株式について取り上げています。株式などの売買が行われる市場のことを**証券市場**と呼びます。証券市場では，不特定多数の会社，株主・投資家，証券会社などが参加し，多額の資金が動き経済を活性化させています。このような市場で粉飾を含む不正などが起これば，市場経済に大きな影響を与えかねません。そこで，

金融証券取引法がこの市場の規制を行っているわけです。この市場の一連の取引等を表しているのが下記の図表2-3です。

　金融証券取引法は，昭和23年に制定された証券取引法の規制のもとに，**投資家保護**を目的として，投資判断に必要な経営成績や財政状態の開示の仕方を規定しています。株式を公開している株式会社等を対象とし，「**有価証券報告書**」または「**有価証券届出書**」を作成して内閣総理大臣に提出することを定めています。

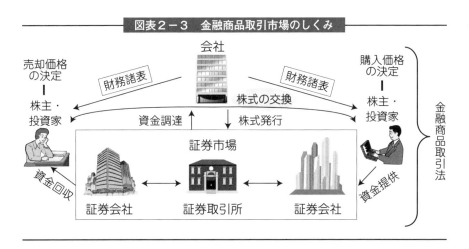

図表2-3　金融商品取引市場のしくみ

6-2 　会社法（旧商法）

　会社法では，株式会社の利害関係者である株主および債権者保護のために，営業上の財産および損益の状況を明らかにすることを目的として，株式会社に各事業年度に係る財務の報告を行うことを義務づけています。

6-3 　税法（法人税法）

　株式会社は，事業税や消費税，固定資産税などさまざまな税金を支払っていますが，その中心は法人税です。法人税は，課税の公平を基本理念とする税法の規定に基づき，法人の課税所得の算定の仕方を規定しています。その計算手続は，会社法に基づき作成する**計算書類（財務諸表）**によって

確定した決算をもとに税法特有の調整を行って支払うべき税額等を算定します。

7　財務諸表の役割

7-1　財務諸表の種類

今まで説明してきましたように，**財務諸表**とは，企業が利害関係者に対して「一定期間の経営成績や財務状態等を明らかにするため」に作成される書類のことをいいます。この利害関係者を保護するために法律はさまざまな規制を行います。ここでは会計責任（説明責任）の履行によって利害関係者保護を達成させようとします。つまり，会社に財務諸表の作成義務を課し，それを利害関係者に提供させることを求めています。

前掲図表2－3では，会社が財務諸表を投資家に提供し，投資家はそれを利用して株式の売却価格ないし購入価格を決定する構図を示しています。財務諸表は，前述のように，会社の財政状態や経営成績を要約した表のことであり複式簿記を通じて作成されます。詳しくは第4章以降で説明しますが，本章では，会社が計算単位である会計期間（通常は1年です）において，どの程度の成果（利益）を出したのか（**経営成績**），それを損益計算書で説明し，その結果，集めた資金がどのような状態になっているか（**財政状態**）を貸借対照表で説明する，と理解をしておいてください。財務諸表の中心がこの**損益計算書**と**貸借対照表**です。このほかにも**キャッシュ・フロー計算書**が財務諸表に含まれますが，これについては第9章で説明します。

会社の会計責任（説明責任）の履行は，財務諸表の作成によって行われると述べましたが，利害関係者が必要とする説明内容はそれぞれ異なります。会社は1つですが，説明の中身は異なります。

会社に直接の利害関係をもつ債権者や株主などを保護するための会社法では，異なる利害関係を持つ人たちの調整を図るために会社に財務諸表を作らせます。また，金融商品取引法では，投資家の意思決定，すなわち，

特定の株式を買うか売るか，その時の価格をいくらにするか，などを決めるために必要な情報を財務諸表を通して提供します。さらに，税務官庁を利害関係者とする**法人税法**では，課税所得を計算するため，会社法上の財務諸表をもとにして，申告調整を行う調整表を作成します。このように，一口に財務諸表といっても，それぞれに説明の内容が異なるため，基本となる財務諸表は１つといっても，実際に作成される財務諸表は異なります。これらを区分するために，会社法は**計算書類**，金融商品取引法は**財務諸表**といいます。また，法人税法上は，前述の調整表を含む書類を**法人税確定申告書**と称しています。

7-2 財務諸表の機能

　財務諸表が利害関係者にとってどのように働き，どのような役割を果たすのか。これを**財務諸表**の機能といいます。財務諸表には，計算書類と金融商品取引法上の財務諸表があると述べました。また，法人税法の確定申告書は，株主総会で承認された計算書類に必要な税務上の調整を加えて作成されるとお話をしました。第１章でも少し述べましたが，これらの財務諸表は，**利害調整機能**と**情報提供機能**という異なる機能を有しています。ここでは，この２つの機能をもう少し詳しく説明をします。

7-3 利害調整機能

　株式会社の周辺には，先に述べたように多くの利害関係者が存在します。前述のように会社法，金融商品取引法および法人税法は，これらの利害関係者の保護のために制定されています。その中で，会社法上の利害関係者は，会社経営に直接関わる経営者，会社に資金を提供する債権者と株主がその代表です。所有と経営の分離のもとでは，経営者は株主の委託を受けて会社を経営します。株式会社の目的はその所有者である株主の利益の極大化です。株主は会社が生み出した利益の分配をできるだけ大きくしてほしいという要求をもちます。これに応じて，経営者は委託を受けた資金を

最大限に活用して利益を獲得する責任があります。これを**経営者の受託責任**といいます。

　しかし，すべての経営者が受託責任を誠実に履行しようとするわけではありません。自己都合で資金を流用したり，不要なコストをかけたり，効率的な経営を目指さず，時間と労力を惜しむこともあります。ここに，資金の受委託をめぐって経営者と株主との間に**利害の対立**が生じることとなります。

　株式会社の場合，経営に必要な資金は株主から集めるだけではありません。銀行などから借りることもあります。このような資金提供者は株主に対して債権者（図表2-1では「金融機関」として表しています）と呼びます。

　株主は，会社が利益を生み出し，その分配を受けることを目的とするのに対して，債権者は，貸付金に対する利子の受け取り，および元金の返済に関心があります。同じく資金提供者といっても，株主と債権者の利害は異なります。株主への分配が増えれば，債権者への支払い源泉が減少することとなります。また，株式会社が株主の有限責任制をその特徴とすることから，債権者は株主に対して相対的に不利になります。ここに，株主と債権者の間の利害対立が生じることになります。

　経営者と株主間での利害対立，株主と債権者間での利害対立，株式会社をめぐっては，このような3者間の利害対立が生じ，これを放置すれば，株式会社制度を崩壊させることにもなりかねません。3者間の利害対立を緩和ないし解消させることが必要となります。会社法が規定する計算書類（金融商品取引法などでいう「財務諸表」と同様の内容）は，3者間の利害を調整することによって対立を緩和ないし解消させる役割をはたします。

　経営者は，自らが誠実に受託責任を履行したことを説明するために計算書類を作成します。株主は，経営者の作成する計算書類を読むことによって，経営者の誠実性や能力を判断し，必要に応じて経営者を交代させることができます。

　会社法は会社が獲得した利益の分配に一定の制限を設けています。いたずらに会社財産を株主に分配することによって，債権者への債務返済資金を外部に流出させないようにするためです。たとえば，利益の分配（配当）は株主が出資した元本に手をつけることはなく，獲得した利益に一定の調整を加えたうえで実施するという**配当制限条項**が規定されています。これにより，株主と債権者との間の利害の対立が調整されるのです。

　このように，会社が作成する財務諸表（計算書類）は，経営者・株主・債権者（金融機関）間の利害を調整する機能をもっています。

7-4　情報提供機能

　株式会社に対して資金を提供し，実質的に会社を所有するのは株主です。しかし，先にも述べたように，所有と経営の分離が進み，株主の多くは会社経営そのものより，会社を単なる投資対象の1つとみるようになりました。つまり，会社の所有という概念は希薄となり，投資によって利益を得ることができるかどうか，また，その金額はどのくらいかということに株主の興味は集中していきます。このような経緯を経て，株主あるいは投資家は，投資の意思決定に影響を及ぼすような情報を求めるように変化をしていきました。

　株主や投資家は，会社の発行する株式にどの程度の価値を見出してくれるのか，つまり，証券取引所で売買される株式の価格に大きな関心があります。また，会社にとっても，株価が上がれば会社が必要とする資金を有利な形で集めることができるわけですから，同じ立場に立つことができます。

　この投資の意思決定において重要なのは，会社が過去にどれだけの利益を稼いだのか，当年度の利益はどうか，将来の利益はどの程度となると予想されるか，換言すれば，過去の収益力を知ることによって，将来の潜在収益力を予想することが一番重要となります。経営者の誠実性や受託責任の履行状況は，このような状況下においては二の次といっても過言ではあ

りません。現在の株主は，正確な情報が適時に入ってくれさえすれば，いつでも株式を売って株主から離脱できるからです。また，状況が好転すると判断すれば株式を買って株主になることがいつでもできます。つまり，財務諸表が**投資意思決定情報**として有用なものであればよいことになります。したがって，財務諸表は，経営者や債権者（金融機関等）との利害の調整を目的とするのではなく，投資意思決定に必要な情報を目的として作成されることになります。金融商品取引法では，株式をはじめとする有価証券の発行および流通といった資本市場の整備を行い，国民経済の健全な発展と**株主および投資家の保護**を図ることを目的として，投資意思決定情報としての財務諸表などの開示を定めています。金融商品取引法に基づき作成する財務諸表は，この意味で**情報提供機能**をもつこととなります。

図表2-4　会計制度の比較表

種　　類	金融商品取引法の会計	会社法の会計	法人税法
対象	上場会社等	すべての会社	すべての法人
利害関係者	経営者・株主・債権者	株主・投資家	税務当局
目的	株主・投資家保護	株主・債権者保護	課税の確実性
作成書類	財務諸表	計算書類	法人税確定申告書
報告先	証券取引所	株主総会	税務署

8　まとめ

　本章では，株式会社を取り上げて会計制度の仕組みを説明してきました。会社形態には「株式会社」，「合同会社」，「合資会社」，「合名会社」の4種類がありますが，株式会社の形態が多いといわれています。規模が大きくなればなるほど，企業が多国籍化すればするほど，株式会社形態をとることが優位となります。

　今まで述べてきましたように，株式会社には多くの利害関係者が存在します。これらの利害関係者と株式会社とのかかわりはさまざまですが，利

害関係者の中心は，株主，投資家，債権者（金融機関）などです。株主と債権者（金融機関）は会社に資金を提供しています。また，投資家も資金の提供を行おうとしています。ただ，株主や債権者（金融機関）は会社に資金を実際に提供しているという意味で利害関係者であるのに対して，投資家はまだ資金を提供していない潜在的な資金の提供者という意味で，利害関係者となっています。

　これらの利害関係者は，株式会社の行動によっては損害を被ることが予想されます。この予想される損害を放置したままでは，株式会社制度が崩壊することが考えられます。これを防ぎ，利害関係者保護を図るために法律が制定されました。会社法や金融商品取引法がそれです。前者は，企業経営者と株主，債権者，3者間の利害を調整する法律であり，会計もこの利害調整機能をもつことになります。

　一方，株主・投資家を保護するために制定されているのが金融商品取引法であり，投資家等が投資意思決定を行うのに必要な情報の提供を会社に要請しています。つまり，会社は，財務諸表を通して情報提供機能をもつこととなります。

　会計制度の仕組みを理解するためには，本章で扱った，株式会社，利害関係者，財務諸表の機能を会社法，金融商品取引法，法人税法に絡めてしっかり理解することが大切です。もう一度，本章を読み直していただきますとよく理解できると思います。

　会計制度の仕組みを説明するうえで，もう1つ取り上げるべき課題があります。金融商品取引法でも，会社法でも，利害関係者を保護するために財務諸表（計算書類）の作成を要求し，財務諸表がそれぞれの法律の趣旨である利害調整機能と情報提供機能を果たすことを求めています。これらの機能を果たすためには，単に正しい財務諸表を作成するだけでは足りず，独立した第三者の保証が必要となります。なぜなら，株主・投資家・債権者にとって，他方の主体である経営者が作成した財務諸表をそのまま鵜呑みにすることはできないからです。財務諸表が信頼性の高いものでなけれ

ば，財務諸表の機能も有効に果たすことはできなくなります。財務諸表の信頼性を確保するためには，独立した第三者による保証，つまり，**公認会計士**による**財務諸表の監査**が必要となります。金融商品取引法や会社法は，財務諸表（計算書類）に対して公認会計士の監査を要求しています。この本を読まれたのちに，監査を学習していただければと考えております。

オランダ東インド会社──世界最初の株式会社

　1602年，オランダ東インド会社が設立されました。世界最初の株式会社です。16世紀から17世紀にかけての大航海時代，ヨーロッパの国々はインドや東南アジアなど東方諸国との間でコショウなど香辛料を中心とした東インド貿易を行っていました。航海による貿易は非常に利益の大きなものでしたが，半面，船の座礁や海賊の襲撃などリスクも大きなものでした。

　当初，航海による貿易にあたっては，まず船を準備し，現地で販売する商品を購入し，船乗りなどを雇わなければならず，莫大な資金が必要でした。利益は大きいものの，リスクもそれに比例して相当に大きいものでした。そこで，リスク軽減の意味でも，多くの人々から資金を集めて航海の準備をし，1度の航海が終了するたびに利益の分配と清算を行っていました。いわゆる冒険貿易です。現在のベンチャービジネスの走りでしょうね。

　しかし，航海のたびに資金を集め，終了後に清算することは非常に手間もかかります。そこで考えられたのが，いったん集めた資金を清算せず，利益の分配のみを行って，残った資金を利用して新たに航海を始めるというものです。ここでは，1度出資した資金は航海が終わっても返ってきません。新たな出資者も出てきます。こうなると，多数の出資者が存在することから，誰がいくら出資したのか，出資に応じた利益の分配をどのように行うかが問題となってきます。そこで多数の小口に分かれた出資金額を証明するものとして株式が発行されることとなったのです。これが株式会社の始まりです。

　当時の日本は，関が原の戦い（1600年）を経て徳川家康が江戸幕府を開いた（1603年）頃です。江戸時代には，徳川幕府は鎖国政策をとりましたが，唯一長崎を開放しオランダ貿易を承認しました。長崎にオランダ商館が作られましたが，これはオランダ東インド会社によるものでした。日本も株式会社の活躍する場であったのです。

● 練習問題 ●

1　空欄に適切な用語を入れて，下記の文章を完成させなさい。

1．株式会社には，株主，投資家，債権者（金融機関）などの多くの〔　①　〕がいます。債権者（金融機関）は，貸付金に対する〔　②　〕および貸しつけた〔　③　〕の返済を受け取る権利があります。株式会社が利益を出すと，株主は株式会社が獲得した利益の分配を〔　④　〕として受け取り，〔　⑤　〕は，その業務への対価として役員報酬や役員賞与を受け取ります。株主や〔　⑤　〕への配分があまりに大きくなると，会社財産の過度な目減りが生じます。ここに，利害関係者間の〔　⑥　〕が生じます。〔　⑦　〕法が規定する計算書類の作成は，このような〔　⑧　〕を調整する機能をもっています。これが財務諸表の〔　⑨　〕機能です。

2．投資家は，将来株式等を購入して利害関係を持つ可能性のある者を指します。投資家の関心事は，債権者や経営者との〔　⑨　〕ではありません。投資家にとっての関心事は，いずれの会社に自らの資金を投資すべきかの意思決定です。意思決定を誤らせないためには，会社の〔　⑩　〕や〔　⑪　〕の現状を十分に把握し，将来を予測しなければなりません。投資家を保護するために〔　⑫　〕法が財務諸表の作成を規定しています。ここでは，財務諸表は〔　⑬　〕機能をもつことになります。

（解答は210ページ）

【さらに学習を深めるための書籍】

① 桜井久勝 『会計学入門（第5版）』日本経済新聞出版，2022年

初めて会計を学ぶ人を対象に財務会計の制度とその背景にある会計理論をわかりやすくコンパクトに解説している定番の本です。利益の計算から財務諸表の作成まで網羅的に記載がなされています。基礎知識を習得するには十分な本と思います。

② 桜井久勝・須田一幸 『財務会計・入門〈第16版〉』有斐閣，2023年

企業が営む主要な活動に焦点を当て，財務諸表の作成プロセスを平明に解説し，変貌する財務会計の最新情報を盛り込んで好評を博してきたテキストの最新版。初心者には少し難しい面もありますが最高の入門書であると考えています。

第 **3** 章

複式簿記の仕組み

1 はじめに

　この章の目的は，会社の取引の流れと**複式簿記**（以下〝簿記〟といいます）の仕組みについて概要を理解し，簿記の基本を身に付けることにあります。

　簿記は個人にも法人にも適用できますが，この章では株式会社を対象にして簿記の説明をします。株式会社は，会社の内外からお金を集めて（調達），その資金を使って，通常，商品の購入や販売を行い，従業員等への給料，仕入れ代金，光熱費や広告費等の支払いといったさまざまな活動（運用）を行っています。そして，その後，調達したお金に対して返済や配当を行います。これをまとめると図表3－1のような流れとなります。

図表3－1　株式会社の経済活動（商業を前提）

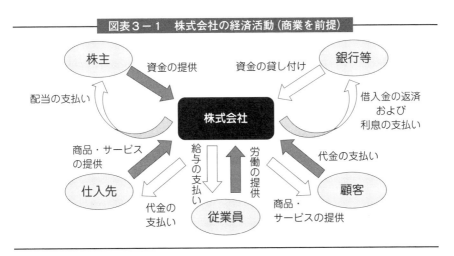

　株式会社は上記のような経済活動を日々行っているわけですが，これらの活動はすべてお金で表されます。したがって，この経済活動を記録するにはお金で記録するのが一番わかりやすく，お金で記録する方法として考え出されたのが簿記となります。つまり，会社の活動を帳簿に記録し，報告する手段ですので簿記と呼ばれるのです。日々の記録のために帳簿を付けるというのが必要というのは何となくおわかりになると思いますが，その最終目的は何でしょうか。帳簿を付けるというのは自分の備忘という意味もありますが，最終的には外部の人や経営者に結果を報告する必要が生じ，そのために**決算書**（財務諸表）を作成することが簿記の最終目的といえます。なお，決算書に関しては，次章以降において詳しく説明をします。

2　簿記の流れ

　会社の経済活動を記録する場合，一定の手順に従って記録をしていくこととなります。この手順を**簿記一巡の流れ**といい，これを図示すると図表3－2のようになります。

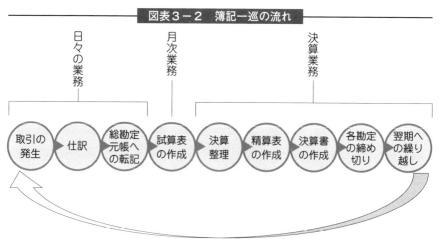

図表3－2　簿記一巡の流れ

日々の業務　│　月次業務　│　決算業務

取引の発生 → 仕訳 → 総勘定元帳への転記 → 試算表の作成 → 決算整理 → 精算表の作成 → 決算書の作成 → 各勘定の締め切り → 翌期への繰り越し

（注）　決算書とは，貸借対照表や損益計算書ほかを意味し，この作成が簿記の最終的な目的となります。これらについては，次章（第4章）以降で詳しく説明します。

　それでは，次にこの簿記一巡の流れにそって，簿記の概要を説明してい

くこととします。

3 取引の発生から仕訳へ

　会社はさまざまな活動を行いますが，その中で，財やサービスを生産・分配・消費する活動のことを一般的に経済活動と呼んでいます。会社の経済活動では，原則として，お金の授受が伴います。たとえば，会社は商品の仕入れを行い，それを顧客に販売します。この仕入れや販売の行動を「取引」といいます。会社は，この取引が積み重なって経済活動を行っています。この取引は日々たくさん発生しますので，きちんと整理して記録しておかないと後で何があったのかわからなくなってしまいます。また，共通のルールを決めておかないと他の人が見てもわからないということになります。この取引を記録する共通の方法として考え出されたのが「**仕訳**」です。取引を，その内容を表す簡単な用語と金額のみで示すのが仕訳です。また，この内容を表す簡単な用語のことを「勘定科目」といいます。

　たとえば，会社が取引先に対して，現金500,000円を貸し付けたとします。これを仕訳で表すと次のようになります。

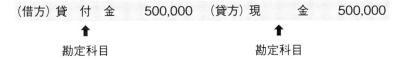

（借方）貸　付　金　　500,000　（貸方）現　　　金　　500,000

勘定科目　　　　　　　　　　　　勘定科目

　上記を見てもわかるように，仕訳は取引を左と右に分けて記入していきます。そして，左側の合計と右側の合計は必ず同じ金額になります。簿記では，仕訳の左側を「借方」，右側を「貸方」と呼びます。ここでなぜ，左側を借方と呼び，右側を貸方と呼ぶかについて考えてみましょう。簿記の生成過程においては，相手方から物事を考えるという習慣がありました。つまり，取引の相手先が会社に借りているものが「借方」，反対に取引の相手先が会社に貸しているものが「貸方」を意味していました。しかし，今ではそのような意味は薄れてしまったので，ただ単に，左側が「借方」，右側が「貸方」と呼ばれています。それでは，何が借方に来て何が貸方に

来るのでしょうか。これを理解していただくために，次に，取引の8要素について，簡単に説明をします。

3-1 取引の8要素

簿記では，取引によって増減した要素を資産，負債，純資産，収益および費用の5つに分けて処理をします。これは決算書に記載される項目であり，それに結び付くようにこれらに属する項目を仕訳の段階で使っているのです。つまり，この5要素の増減変化を借方と貸方の合計が左右一致するように記載しているのが仕訳です。この5要素を増減関係から記載しているのが，次の**取引の8要素**の図となります。

図表3-3　取引の8要素と組み合わせ

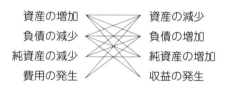

上記の取引の組み合わせにおいては，どの取引も相互に対立する左側の要素と右側の要素が結合して成り立っています。決して，左側の互いに同じ要素と右側の互いに同じ要素が組み合わさる取引は存在しません。また，取引の組み合わせの関係は，左側の要素と右側の要素がそれぞれ1つずつとは限らず，2つ以上で組み合わされることもあります。このルールに従って仕訳が行われます。ここで，資産，負債，純資産，収益および費用にはどのようなものがあるのかを以下にまとめて記載します。

資産の例：現金，預金，売掛金，商品，貸付金，建物，土地等のように，会社にとって現金に換えられるもの，あるいは現金を生み出す価値のあるものが含まれます。	
負債の例：支払手形，買掛金，借入金等のように，外部に対して将来支払いが生じるようなものが含まれます。	
純資産の例：資本金，繰越利益剰余金等が含まれ，資産から負債を引いた差額を意味します。	
収益の例：売上，受取利息，受取手数料などのように，外部から受け取った収入で，純資産を増やす要因となるものをいいます。	
費用の例：仕入，給料，水道光熱費，広告宣伝費，支払利息，支払手数料などのように，収益を得るためにかかった支出で，純資産を減らす要因となるものをいいます。	

3-2 仕訳の具体例

　それでは，次に，取引の具体例を示して，どのように仕訳を行うのか説明をしていくこととします。

（ア）　会社の設立に伴う資本金の拠出（純資産の増加）

　会社の設立にあたり，資本金として現金100,000円を出資したとします。この場合，資本金という純資産が増加すると同時に，会社の資産である現金が増加します。したがって，仕訳は次のようになります。

（イ）　資産の購入

　備品（机や椅子）を購入し，現金50,000円を支払ったとします。この場合，備品という資産が増加すると同時に，現金という資産が同額減少することとなります。したがって，仕訳は次のようになります。

（ウ）　負債の発生

　銀行から500,000円の借り入れを行ったとします。この場合，借入金という負債が増加すると同時に，現金という資産が同額増加することとなります。したがって，仕訳は次のようになります。

（エ）　収益の発生

　商品1,000,000円を売り上げ，代金は現金で受け取ったとします。この場合，売上という収益が発生すると同時に，現金という資産が同額増加することとなります。したがって，仕訳は次のようになります。

（オ）　費用の発生

　従業員に給与100,000円を現金で支払ったとします。この場合，給料という費用が発生すると同時に，現金という資産が同額減少することとなります。したがって，仕訳は次のようになります。

4　総勘定元帳への転記

　前述のルールに従って，仕訳を行った後，それを仕訳帳に記入します。そして仕訳帳から**総勘定元帳**に転記します。転記とは，仕訳帳から総勘定元帳に記入しなおすことにすぎません。転記を行う場合には，仕訳の左側に記入された勘定科目については，その金額を総勘定元帳の該当する口座の左側に転記し，仕訳の右側に記入された勘定科目については，その金額を総勘定元帳の該当する口座の右側に転記します。具体的には次のような行為を「転記」といいます。

【仕訳帳】

【総勘定元帳】

　上記の総勘定元帳は略式であり，通常"T勘定"と呼ばれているものです。現在は，すべてコンピュータで処理をしますので，自らがペンを手にとって仕訳を仕訳帳等に記入し，経理担当者が自ら総勘定元帳に転記をすることは実務上あまりありません。しかしながら，原理は何ら変わっていませんので，次ページに従来の帳簿形式で例示します。**3-2**の仕訳の具体例にもとづいて，仕訳帳および総勘定元帳の一部（現金勘定および資本金勘定のみ）を記載すると次のようになります。

仕　訳　帳　　　　　　　　　　　　　1頁

20×1年 月　日	摘　　　　要	元丁	借方	貸方
	（現　　金）	1	100,000	
	（資　本　金）	35		100,000
	現金による出資を受け入れた			
	（備　　品）	17	50,000	
	（現　　　金）	1		50,000
	備品を現金で購入した			
	（現　　金）	1	500,000	
	（借　入　金）	25		500,000
	××銀行から借り入れを行った			
	（現　　金）	1	1,000,000	
	（売　　　上）	40		1,000,000
	商品を売り上げ，代金を受け取った			
	（給　　料）	45	100,000	
	（現　　　金）	1		100,000
	従業員に給与を現金で支払った			
	次ページへ		1,750,000	1,750,000

仕訳帳を記入する際の留意事項は次のとおりです。

① 「摘要」欄には，仕訳と取引の簡単な説明を記載します。

② 元丁欄には，参照用に総勘定元帳の頁数等を記載します。

③ 仕訳帳の頁の最下行には金額の合計を記し，次頁に繰り越します。

次に上記の仕訳を転記した総勘定元帳を下記に記載します。

現　　　　金　　　　　　　　　1

20×1年	摘　　要	仕丁	金額	20×1年	摘　　要	仕丁	金額
	資　本　金	1	100,000		備　　品	1	50,000
	借　入　金	1	500,000		給　　料	1	100,000
	売　　上	1	1,000,000				

資　本　金　　　　　　　　　　35

20×1年	摘　　要	仕丁	金額	20×1年	摘　　要	仕丁	金額
					現　　金	1	100,000

総勘定元帳の記入法は以下のとおりです。

① 「摘要」欄には相手勘定科目を記入します。

② 仕丁欄には仕訳帳の頁数を記入します。

5　試算表の作成

　前述の総勘定元帳への転記までは，日々行われる処理です。ところで，簿記は前述のように1つの取引を借方（左側）と貸方（右側）の2つに分けて記録するため，借方の合計と貸方の合計は常に一致するはずです。したがって，仕訳を転記している総勘定元帳の貸借の合計も必ず合っているはずです。もし一致していない場合には，仕訳の記入か総勘定元帳への転記が間違っていることになります。この誤りを早い段階で見つけるために，毎月作成されるのが**試算表**です。このように，試算表は，総勘定元帳の勘定記録に間違いがないことを確かめるために作成するのが主な役割ですが，すべての勘定の残高を一覧することもできるため，企業の営業状況等を適時に把握するためにも利用されます。

　試算表には，次の3種類があります。

合計試算表	総勘定元帳の勘定ごとの借方合計と貸方合計を集めて表にしたもの
残高試算表	総勘定元帳の勘定ごとに借方合計と貸方合計を比較し，勘定ごとの貸借差額を集めて表にしたもの
合計残高試算表	合計試算表と残高試算表とを合わせて表にしたもの

　このうち，多くの企業で作成されているのが残高試算表です。また，米国等では，残高試算表しか作成されません。残高試算表を前述の仕訳を入れた形で記載すると次のようになります。

残 高 試 算 表

20×1年○月○日

借　　方	勘定科目	元丁	貸　　方
1,450,000	現　　　金	1	
50,000	備　　　品	17	
	借　入　金	25	500,000
	資　本　金	35	100,000
	売　上　高	40	1,000,000
100,000	給　　　料	45	
1,600,000			1,600,000

6　決算整理

　ここまでは，日常および月次の処理を見てきました。「1　はじめに」で記載したように，その最終目的は決算書を作成することにあります。会社は，継続して存続することを前提にしているので，ある一定期間で区切って，決算を行う必要があります。この決算を行うタイミングは通常1年で，この1年間のことを"会計期間"といいます。それでは，この決算手続きについてその概要を説明していきます。前述のように試算表によって総勘定元帳の正確性が確かめられたら，決算にあたり，各勘定の帳簿残高を実際の有高や価値に一致させる必要があります。この手続きを"**決算整理**"といいます。また，この決算整理の項目を調査して取りまとめた表を"棚卸表"といいます。それでは，決算整理の項目として主にどのようなものがあるのかを説明します。

売上原価の算定	売上に見合う売上原価を算定するための手順を意味します。つまり，期末商品の残高を確かめ，仕入高から期末商品残高を差し引き，それに期首商品残高を加えることによって売上原価を算定します。
商品の評価	実際に棚卸（在庫を実際に数えること）を行い，帳簿棚卸高を実地棚卸高に修正することをいいます。
貸倒引当金の計上	売掛金や受取手形等の売上債権に対して貸倒れが見込まれる場合に，回収不能額を見積もって当期の費用に計上すると同時に，その見積額を貸倒引当金として計上することになります。

減価償却費の計上	建物，機械，備品等の固定資産は，使用や時の経過，あるいは陳腐化や不適応化によって，物理的・機能的にその価値が減少していきます。決算にあたり，その減価額を見積もり，費用に計上するとともに，当該固定資産の帳簿価額を減らすことになります。この手続きを減価償却といいます。減価償却の計算方法としては，定額法（毎期均等額を計上）や定率法（一定の率で償却）がありますが，最近では定額法を使うことのほうが多くなっています。
売買目的有価証券の評価替え	売買目的で所有する有価証券は，時価の変動により利益を得ることを目的として保有しているため，期末には時価で評価し，評価差額を当期の損益として計上します。
収益・費用の見越しと繰り延べ	現金の支払いに応じて計上している収益・費用について，その発生した期間に計上するように修正を加えて，正しい収益や費用とするものです。これには，当期の収益あるいは費用でありながら未だ受け入れていない，あるいは支払われていないものに対して，当期の収益あるいは費用として見越し計上するもの（収益・費用の見越し）と，すでに収入・支出が行われているが，本来は次期以降の会計期間に帰すべきものを繰り延べるというもの（収益・費用の繰り延べ）とがあります。
現金過不足の処理	日々の現金については，何らかの理由により，帳簿残高と手持ち現金の実際額との間に差が生じることがあります。この場合，当該差額を現金過不足勘定にとりあえず計上しておき，帳簿残高を実際額に合わせます。そして，この現金過不足については，原因を調査し，判明したものについては，正しい勘定科目に振り替えます。しかし，期末になっても差異原因が判明しない場合には，雑損または雑益勘定に振り替えることになります。
消耗品の処理	消耗品の会計処理としては，購入時にいったん全額を資産計上する方法と購入時に費用処理をしておく方法の２つがあります。どちらの方法をとっても期末時には消耗品の残高を調査して，その部分を資産に計上する必要があります。
仮払金・仮受金の処理	仮払金や仮受金は，取引発生時に正確な金額，または内容が未確定である場合に暫定的に計上しておく科目です。したがって，期末には，その金額や内容を調査して該当する勘定科目に振り替える必要があります。

7 精算表の作成

　決算整理を行い，次に決算書（財務諸表）を作成するために，**精算表**を
作成します。この精算表というのは，次のような表で，帳簿締め切りのミ
スを少なくし，決算の概況をあらかじめ知る上でも便利なものです。

<u>精　算　表</u>

（単位：円）

勘定科目	残高試算表		決算整理		損益計算書		貸借対照表	
	借方	貸方	借方	貸方	借方	貸方	借方	貸方

　このような精算表を8桁精算表といいますが，これが一般的に会社で使
われているものです。作成手順を記載すると，次のようになります。

① 　総勘定元帳の残高を前述の残高試算表欄に記入し，貸借合計額の一
　　致を確かめて残高試算表欄を締め切ります。

② 　決算整理欄に前述の決算整理項目を記入します。勘定科目を新たに
　　設定する必要がある場合には，すでに設定されている勘定科目の下に
　　追加記載することになります。そして，決算整理欄の借方合計と貸方
　　合計が一致することを確かめて締め切ります。

③ 　勘定科目ごとに残高試算表欄と決算整理欄の金額を加算・減算し，
　　損益計算書（収益と費用）と貸借対照表（資産，負債および純資産）
　　を作成します。

④ 　損益計算書と貸借対照表の借方と貸方をそれぞれ合計し，その差額
　　を当期純利益または当期純損失として示し，貸借を合わせて締め切り
　　ます。

8 決算書の作成

前述のように精算表が完成すると，そこから決算書が作成されます。この決算書は財務諸表ともいわれ，貸借対照表と損益計算書が主なものです。貸借対照表とは，一定時点の財政状態を表したものです。損益計算書は一定期間の経営成績を表すものです。詳しい内容は，次章以降で説明します。

この貸借対照表や損益計算書には，勘定式と報告式があります。勘定式は総勘定元帳のように借方と貸方を分けて記載していきます。報告式は，貸借対照表を資産・負債・純資産の順に並べ，損益計算書を収益・費用の順に並べて表示します。一般的に，上場企業等の外部報告用では報告式が使われます。ただし，貸借対照表に関しては，決算公告等において勘定式もよく用いられます。様式については第4章以降を参照してください。

9 各勘定の締め切りと翌期への繰り越し

会社は，精算表から直接決算書を作成するので，総勘定元帳の各勘定科目を完全に締め切ってから決算書を作成しているわけではありません。上記の決算書の作成とほぼ同じタイミングで，各勘定科目の完全な締め切りを行い，集合損益勘定に損益を振り替えると同時に，資産・負債・純資産の勘定は，各勘定の貸借差額を次期繰り越しとして処理をしているのが実情です。この締め切り処理については大陸式と英米式があるとされていますが，日本の会社で通常使われているのは英米式です。この英米式においては，前述のように集合損益勘定と次期繰り越し処理のみを行い，大陸式のように決算残高勘定（資産の勘定・負債の勘定・純資産の勘定を集合させるための勘定）を設けたりしません。

これらの処理が終わったら，翌期の帳簿の作成が行われ，資産・負債・純資産の各勘定科目に期首残高（前期繰越）として記入されます。

10 まとめ

　本章では，簿記一巡の手続きを開始から決算および翌期の繰越処理に至るまで説明しました。40年ほど前までは，多くの会社において，経理課員が手にペンとそろばん（もしくは電卓）を持ち，仕訳および帳簿の記入を行っていたので，この流れがわかりやすかったのですが，今ではほとんどすべての企業において，コンピュータ（PCを含む）が使われているので，この簿記一巡の流れを目で見ることは不可能となっています。しかしながら，コンピュータの中で行われている作業であっても，その原理は同じであり，この簿記一巡の流れに沿って処理がなされています。したがって，会計を学習する皆さんにとって，この簿記一巡の流れを理解することは非常に重要です。

Column　**簿記の歴史**

　現在，世界中で使われている複式簿記は，13世紀初頭に，地中海貿易で繁栄したイタリアの商業都市で，商人の実務から誕生・発達したといわれています。そして1494年にヴェネチアで出版されたパチオロ著『算術と幾何，比率，比例の全書』（スムマと呼ばれています）が世界最古の簿記の本といわれています。

　その後，このヴェネチア式簿記は，各国語に翻訳されヨーロッパ諸国に広まっていき，イギリスからアメリカに伝わり，日本に複式簿記が入ってきました。これは明治になってからだといわれており，明治6年（1874年）6月，福澤諭吉がアメリカの簿記教科書『コモン・スクール・ブックキーピング』という本を翻訳し日本初の簿記書である『帳合の法』を出版しました。これが日本で最初の複式簿記の解説書であるといわれています。

◎ 練習問題 ◎

1　次の決算整理事項に基づいて精算表を完成させなさい。ただし，会計期間は20X1年4月1日から20X2年3月31日までの1年間とします。

1．期末商品棚卸高は60,000円である。売上原価は「仕入」の行で計算します。

2．売掛金残高に対して3％の貸倒引当金を計上します。その方法は差額補充法によります。

3．備品については定額法にもとづき減価償却を行う（残存価額は取得価額の10％，耐用年数は9年）。

4．売買目的有価証券を30,000円に評価替えします。

5．消耗品の期末未消費高は2,000円です。

精　算　表

（単位：円）

勘定科目	残高試算表		決算整理		損益計算書		貸借対照表	
	借方	貸方	借方	貸方	借方	貸方	借方	貸方
現　　　　金	80,000							
売　掛　金	120,000							
売買目的有価証券	35,000							
繰　越　商　品	80,000							
消　耗　品	5,000							
備　　　　品	45,000							
買　掛　金		97,500						
貸　倒　引　当　金		2,000						
備品減価償却累計額		9,000						
資　本　金		100,000						
売　　　　上		901,500						
仕　　　　入	500,000							
給　　　　料	75,000							
支　払　家　賃	170,000							
	1,110,000	1,110,000						

（解答は211ページ）

【さらに学習を深めるための書籍】

① 渡部裕亘・片山覚・北村敬子編著『検定簿記講義／3級商業簿記』中央経済社, 2023年

現代簿記の入門書として適しており入門者にとって必要十分な解説を加えています。練習問題も多く自習用テキストとして最適です。

② 関西学院大学会計学研究室編『新版基本簿記論〈第4版〉』 中央経済社, 2019年

大学で初めて簿記を学ぶ人のために書かれた本で, 簿記一巡の手続きを完全に理解するには良い本です。また, 練習問題が豊富です。

③ 滝澤ななみ『みんなが欲しかった！ 簿記の教科書　日商3級 商業簿記〈第11版〉』TAC出版, 2023年

丁寧に初心者にわかりやすく書かれており, 利用価値が高い簿記の基本書です。

第 **4** 章

財務諸表を読む

1 はじめに

　第1章および第2章において，会計が提供する情報は，主に会社の財政状態と経営成績であることを説明しました。また，第3章においては，その基となる複式簿記についてその仕組みおよび流れを説明しました。本章では，財政状態と経営成績を示すために複式簿記にもとづき作成される**貸借対照表**と**損益計算書**について，その内容および財政状態・経営成績の読み取り方について解説をしていきます。

　なお，「財務諸表」には，貸借対照表や損益計算書だけでなく，キャッシュ・フロー計算書や株主資本等変動計算書などが含まれますが，これらについては第9章において説明します。

2 貸借対照表と損益計算書の関係

　第3章において説明したように，会社の活動は複式簿記というフィルターを通して整理され，財務諸表が作成されます。財務諸表の中心となるのが貸借対照表と損益計算書です。貸借対照表は，会社の資金の調達源泉と使途を対照させることにより財政状態を表します。また，損益計算書は，収益から費用を引いた利益により，経営成績を表します。貸借対照表と損益計算書の関係を示すと図表4－1のようになります。

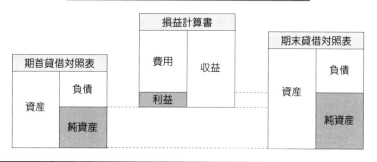

図表4-1　貸借対照表と損益計算書の関係

3　貸借対照表の見方

3-1　貸借対照表の基本的な仕組み

　貸借対照表は，企業の財政状態を表すものです。財政状態とは，会社の決算期末日における資金の使途と資金の調達源泉を表します。これを示すと図表4-2のようになります。

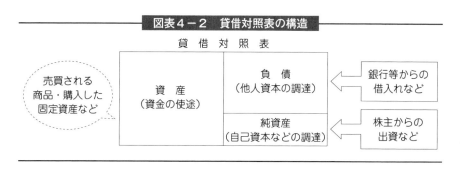

図表4-2　貸借対照表の構造

　このように，貸借対照表は期末日において，どこから資金を調達し，それをどのように使用したかを残高として表しています。それでは次に，貸借対照表の構成要素である**資産**，**負債**および**純資産**についてもう少し詳しく解説していきます。

3-2　資産とは：資金の使途

　会社は，その事業を営むうえで，さまざまな経営資源を必要とします。たとえば，皆さんが飲食店を始めるとします。店舗は借りるとしても内装がまず必要で，調理設備や机，椅子，レジなどを購入しなければなりません。また，野菜や肉などの材料も必要です。会計上，これらの経営資源が**資産**と呼ばれるものです。会社の経営には，ヒト，モノ，カネおよび情報が必要という話を聞かれたことがあると思います。この机，椅子，内装，調理設備，肉や野菜が，モノにあたります。現金や預金はカネです。ヒトは大切なものですが会計では通常，資産に入れません。また，情報はノウハウやブランドがあれば，資産に入れることもあります。これが会計上の資産の概念です。つまり，資産は必要だからお金を使って買うもので，前述の「資金の使途」となるわけです。

　では，資産についてもう少し詳しく述べていきましょう。資産は3つに大きく分けることができます。「流動資産」「固定資産」「繰延資産」の3つです。では，これらについてさらに詳しく話をします。

　まず，「流動資産」です。これは，「流（なが）れ動く」資産ということです。流れ動くとは，増えたり減ったりの変動が大きいということです。つまり，流動資産とは，変動の大きい財産というわけです。流動資産には，現金，預金，受取手形，売掛金，有価証券，棚卸資産などがあります。わが国の製造業・卸売業等における流動資産の主なものは，棚卸資産です。棚卸資産とは，将来，販売などを行うために保有している資産のことを意味します。一般的には，商品，原材料，仕掛品，製品などのことを指します。商品は，一般的には「在庫」と表現されることもあり，こちらのほうがイメージしやすいかもしれません。商品の仕入れを行った後，販売できなかった分が在庫として残ることになるため，「在庫」という言葉にはネガティブなイメージもあります。しかし，会計の立場から考えると，在庫は将来売却して利益を生むために必要な財産といえます。固定資産とは，一般的に1年以上の長期にわたって使用または利用する目的で保有する資

産をいい，この固定資産は，有形固定資産と無形固定資産からなります。有形固定資産とは，建物，土地，構築物，機械装置，車両，工具・器具，備品等であり，長期にわたって利用できるものを指しています。また，無形固定資産とは，のれん，特許権，借地権，地上権，商標権，実用新案権，意匠権，鉱業権，漁業権，入漁権，ソフトウエア等を指します。固定資産の多くは，使っていたら価値が減っていきますよね。この目減りを計上するのが減価償却です。有形固定資産と無形固定資産の多くは減価償却資産に該当するため，減価償却費の計上が必要になります。減価償却を行い，その資産が消耗されたことを費用化することによって，資産価値を正しく評価することにつながります。一方，非減価償却資産は時が経っても価値が減少しない資産となるため，減価償却をする必要はありません。非減価償却資産を売却するなど所有権を手放したときに，利益や損失を計上することになります。繰延資産というのは，資産としての実体を有するようなものではありません。その本質はあくまでも費用であり，本来であれば支出をした時点ですべて経費として処理をされるのが実態には１番合っているのです。しかし，費用の中にはその効果が長期間にわたって発揮されるようなものが存在します。そういった一部の費用については，資産として計上して適切な期間で費用を配分することが好ましいと考えられます。そこで会社法や税法で特定された一部の費用について，繰延資産という形で計上をすることで費用の期間配分（何年かに分けて費用を計上しましょうというもの）を行おうとしているのです。

3-3 負債と純資産とは：資金の源泉

　図表４－２をもう一度見てください。貸方側には資金の源泉が入っています。つまり，どこからお金を持ってくるかです。この資金の源泉は，負債と純資産からなります。負債と純資産の詳しい内容は第７章にて説明しますので，ここでは概要だけを説明します。

　負債の提供者は，銀行等の金融機関や商品などの納入業者であり，そこ

から借りた金や，掛けで買った商品のまだ支払っていない代金等が負債に入ります。株主（オーナー）ではない他人からの資金なので，他人資本というわけです。

　では，負債についてもう少し詳しくお話をしましょう。負債とは，会社の借金など，マイナスの財産のことです。銀行から融資を受ける，物を仕入れた代金が未払いであるなど，返済の義務があるものが負債となります。負債に含まれるのは，銀行から調達してきた借入金や，仕入れ時の買掛金など，将来的に資産が減少するものです。たとえば，起業したばかりの時期は運転資金が不足しがちですし，既存の会社であっても新規の事業を行うときには，多くの資金が必要になります。この場合，銀行などからの融資を受けること—すなわち，借金をするのは当然でしょう。借金によって，資金を充実させ新規事業などに積極的に投資ができるのです。この負債は，大きく2つに分けられます。「流動負債」「固定負債」の2つです。

　流動負債とは，返済期限が1年以内の負債のことです。支払手形，買掛金，短期借入金，未払金，前受金，預り金，仮受金などが流動負債に該当します。営業活動に伴い発生する負債として，買掛金，支払手形等があり，財務活動に伴い発生する負債として，短期借入金等があります。また，その他の負債として，経過負債（未払費用，前受収益）や未払金，リース債務，賞与引当金等があります。固定負債とは，返済期限が1年を超える負債のことです。長期借入金や社債，退職給付引当金などが固定負債に該当します。ただ，実務的には計上されるものは限られています。これには，財務活動に伴い発生する負債として，長期借入金等に分類された財務関連負債があり，その他負債として，リース債務，負債性引当金等があります。

　次に，純資産の提供者は基本的に株主です。その内訳は株主からの出資，つまり資本金や資本剰余金です。この内容については第7章で説明します。純資産のもう1つの構成要素は，会社が資産を使って稼いだ儲け，つまり利益のうち処分されずに残ったもので，これを繰越利益剰余金といいます。これらは株主に帰属するので，自己資本というわけです。

　純資産の部には，会社が各種の方法で調達した資金のうち，返済を要しない部分が種類別に収容されたものを意味します。つまり，純粋に「自分の」資産を意味します。純資産は，株主からの出資金と事業活動から得た利益の蓄積を表しており，「株主資本」「評価・換算差額等」「新株予約権」に分類されます。株主資本とは，株主からの出資と，配当されずに留保された留保利益のことです。株主資本はさらに，「資本金」「資本剰余金」「利益剰余金」「自己株式」などに分類されます。資本金は，株主が出資した資金のうち，会社が資本金として組み入れた資金のことです。また，資本剰余金は「資本準備金」と「その他資本剰余金」からなりますが，中心となるのは資本準備金です。資本準備金とは，株主が出資した資金のうち，会社が資本金に組み入れなかった部分のことです。さらに，利益剰余金は「利益準備金」と「その他利益剰余金」からなりますが，中心となるのは利益準備金です。利益準備金とは，会社が得た利益のうち，社内で積み立てることが義務づけられている部分のことです。次に，評価・換算差額等とは，その他有価証券評価差額金，繰延ヘッジ損益，土地再評価差額金など，資産を時価評価した際の含み損益などが計上される項目です。最後に，新株予約権とは，株式の交付を受けることができる権利のことです。新株予約権を持つ者は，これを行使することで当該株式会社の株式を購入できます。

　ここまで，資産，負債および純資産の概要をつかみ，それに関連して資金の使途と源泉を説明しました。最初に，貸借対照表は一定日の財政状態を表すと説明しました。そして，図表4-2から説明したように，企業の財政状態は資産，負債および純資産から成り立ちます。財政状態を理解するには，資本構成，資産構成および資金の源泉と使途のバランスといった3つの面から考えることが大切です。

3-4 資本構成を読む

　資本の構成とは，資金の源泉である負債と純資産の割合がどうなってい

るかを意味します。他人から借りている資金より，返さなくてよい株主からの資金のほうが安全なのはわかると思います。したがって，この会社は大丈夫か？ という安全性を見るために，負債と純資産の割合をみるのが重要となります。

3-5 資産構成を読む

　会社の財政状態を考えるとき，資本構成と並んで，資産の構成をみることも重要です。資産は，流動資産，固定資産および繰延資産に分けられます。詳しい内容は第5章（流動資産）および第6章（固定資産）において説明しますので，その概要だけを説明します。なお，繰延資産はあまり使いませんのでここでは省略します。

　流動資産とは，決算日の翌日から1年以内に現金化するもの（これをワンイヤー・ルールといいます）および，通常の営業活動（つまり本業）により生じたもの（現金預金，売掛金，商品，材料など）をいいます。

　これに対して，固定資産は1年を超えて使う資産をいいます。最初に説明をした，調理設備や机，椅子，レジなどがこれにあたります。固定資産はその投資額の回収に時間がかかるので，流動資産が多く，固定資産が小さい場合，売上との関係で「資金の回収が早い」ということになります。

3-6 資金の源泉と使途のバランスを読む

　次に重要なのが，資金の源泉と使途のバランスです。ここでは負債の区分，つまり流動負債と固定負債の区分が大切です。流動負債とは，基本的に1年以内に返済を必要とするものを指します。これに対して，固定負債とは，基本的には，1年を超えて返済等が発生するものを指します。流動資産は1年以内に現金化するものと先ほど説明しました。ここで流動負債は1年以内に返済するものですから，流動資産が流動負債より大きくないと，支払いに問題が生じます。したがって，会社の安全性に関してこの割合は大切だということがわかると思います。

4 損益計算書の見方

　損益計算書は会社の経営成績，つまり，この１年間でいくら費用をかけていくら儲けたかを一表にしたものです。下図を見てください。

損益計算書
売上高
－　売上原価
＝　売上総利益
－　販売費及び一般管理費
＝　営業利益
±　営業外収益・費用
＝　経常利益
±　特別利益・損失
＝　税引前当期純利益

◀ 販売活動の結果の粗利益（いわゆる粗利）

◀ 会社の本業の儲け

◀ 会社の経常的な活動の結果の儲け

◀ 一時的な損益も加減算した数値

　損益計算書の計算区分は，上記のようになります。売上高は商品の販売高と考えればわかると思います。売った商品の仕入れ値が売上原価と考えてください。この売上高から売上原価を引いて売上総利益，つまり，粗利を計算します。売上総利益を売上高で割った比率のことを売上総利益率といいます。この比率は業種によってさまざまです。次に，この売上総利益から給与，広告宣伝費，販売手数料等の販売費及び一般管理費を引きます。販売員や事務員がいないと会社は成り立ちませんし，広告をしないと売れませんからこれが必要なのはわかると思います。そして，営業利益を計算します。さらに，営業利益に受取利息，受取配当金などの営業外収益を加え，支払利息等の営業外費用を引いて経常利益を計算します。さらには，これに固定資産の売却損益などの特別損益を加減算して，税引前当期純利益を求めます。当期純利益が出ていても，経常利益までは赤字で，それを埋め合わせるために期末に資産を売却するということもあります。したがって，当期純利益が出ているかどうかだけを見るのではなく，売上総利益，営業利益および経常利益はどうなっているのかを見ていかないと本当

に会社は儲かっているのかがわからなくなってきます。

5 まとめ

　本章では，貸借対照表と損益計算書の概要とその読み方を説明してきました。まず，貸借対照表と損益計算書の関係，貸借対照表は財政状態を表し，損益計算書は経営成績を表すことを説明しました。そして，貸借対照表および損益計算書の概要およびこれを読み解くポイントについて解説をしました。これらの内容の詳しい解説は，第7章以降で取り扱います。本章で得た知識を前提に次章以降を読んでいただくとわかりやすいと思います。

Column　　貸借対照表や損益計算書の変遷

　本章では，一般的に使われている貸借対照表と損益計算書という表現を使用しました。世界各国で使用されている国際財務報告基準（IFRS）では，貸借対照表のことを会社の財政状態を表す表であることから，財政状態計算書（Statement of financial position）と呼んでいます。このほうが貸借対照表というよりもその内容や目的を正確に表しているというわけです。

　また同基準では，損益計算書については，純損益およびその他の包括利益計算書（Statement of profit or loss and other comprehensive income）と呼んでいます。損益計算書の場合は，経営成績を表すということにこだわっているのではなく，当期利益で終わらず，資産の含み損益等までを載せているからということでこのような名称になっています。損益計算書については，わが国でも同様の考え方が導入されていますが，貸借対照表を財政状態計算書と呼ぶようにはまだなっていません。でも近い将来変わることになるのでしょうね。

● 練習問題 ●

[1] 空欄に適切な用語を補って説明の文章を完成させなさい。

1. 貸借対照表は，事業年度末の〔 ① 〕を表すものです。この〔 ① 〕とは，会社が資金をどのように調達し，どのように運用しているかを表すものです。この資金の運用状況を表すのが〔 ② 〕の部，調達状況を表すのが〔 ③ 〕〔他人資本〕と〔 ④ 〕〔自己資本等〕です。

2. 損益計算書は，事業年度の〔 ⑤ 〕を表すものです。損益計算書は，その項目が経常的かどうかで，〔 ⑥ 〕と〔 ⑦ 〕の部に大別されます。また，〔 ⑥ 〕の部は，会社本来の営業活動に関する〔 ⑧ 〕の部と，資金調達等の付属的な活動に関する〔 ⑨ 〕の部に区分されます。

（解答は211ページ）

【さらに学習を深めるための書籍】

① 日本経済新聞社編『財務諸表の見方＜第14版＞』（日経文庫），日本経済新聞出版，2023年

本書は，貸借対照表，損益計算書など財務諸表について，基本から最新の改正までをコンパクトに解説しています。会計学の初心者にも非常にわかりやすく書かれていると思います。

第5章

流動資産

1 はじめに

　本章で学習するのは，主に流動資産についてです。流動資産は，貸借対照表の資産を構成しています。さしあたって，流動資産は，現金に近いものをイメージすればよいと思います。たとえば，身のまわりでいえば，現金や普通預金や郵便貯金などをイメージすればよいと思います。

　学習にあたっては，まず資産を大きく2つに分けます。資産という大きなスイカを2つに切るように考えればよいと思います。そして，このうちの半分のスイカを流動資産と呼び，この流動資産の内容について理解を深めていきます。最後に，流動資産が会社の活動とどのように関係しているかを考えて，この章を締めくくりたいと思います。なお，本章の理解にあたっては，身近な決算書（貸借対照表）をみながら進めていくことがよいと思います。

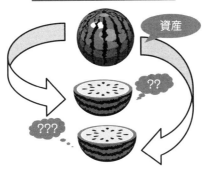

図表5-1　資産の分割

2 資産の分類

　まずは資産の内容を確認するために，会社の貸借対照表を実際に見てみましょう。江崎グリコ株式会社の貸借対照表（2022年12月31日現在）を示しました。

図表5－2　江崎グリコの貸借対照表

（2022年12月31日現在）

（単位：百万円）

資産の部		負債の部	
流動資産		**流動負債**	
現金及び預金	54,209	買掛金	27,029
受取手形	501	未払金	2,425
売掛金	29,567	未払費用	14,349
有価証券	1	未払法人税等	1,971
商品及び製品	7,860	預り金	1,965
仕掛品	471	返金負債	3,943
原材料及び貯蔵品	9,615	役員賞与引当金	73
短期貸付金	581	その他	567
未収入金	6,877	流動負債合計	52,326
その他	863	**固定負債**	
貸倒引当金	△ 161	転換社債型新株予約権付社債	30,023
流動資産合計	110,388	預り保証金	2,369
固定資産		退職給付引当金	50
有形固定資産		繰延税金負債	5,225
建物	25,312	その他	663
構築物	1,073	固定負債合計	38,331
機械及び装置	19,768	負債合計	90,658
車両運搬具	7	**純資産の部**	
工具，器具及び備品	2,821	株主資本	
土地	14,585	資本金	7,773
リース資産	27	資本剰余金	
建設仮勘定	8,076	資本準備金	7,413
有形固定資産合計	71,672	その他の資本剰余金	34

無形固定資産			資本剰余金合計	7,448
ソフトウェア	3,380		利益剰余金	
ソフトウェア仮	16,700		利益準備金	1,943
その他	162		その他の利益剰余金	
無形固定資産合計	20,242		固定資産圧縮積立金	6,071
投資その他の資産			オープンイノベーション促進税制積立金	349
投資有価証券	33,472		別途積立金	128,893
関係会社株式	39,824		繰越利益剰余金	61,529
出資金	1		利益剰余金合計	198,788
関係会社出資金	7,297		自己株式	△ 13,806
長期貸付金	1,897		株主資本合計	200,203
前払年金費用	3,741		評価・換算差額金	
投資不動産	12,214		その他有価証券評価差額金	10,945
その他	1,200		繰延ヘッジ損益	△ 59
貸倒引当金	△ 206		評価・換算差額等合計	10,885
投資その他の資産合計	99,443		純資産合計	211,088
固定資産合計	191,358			
資産合計	301,747		**負債純資産合計**	301,747

（出所）江崎グリコ株式会社：「第118期有価証券報告書」96-97頁より

　貸借対照表の左側に注目してください。資産の部が**流動資産**と**固定資産**の２つに分かれていることを確認することができます。流動資産の額が110,388百万円であり，固定資産の額が191,358百万円です。合計すると，最下段の資産合計301,747百万円となります。このように，資産は，流動資産と固定資産という２つの区分に大きく分かれます。

　それでは，流動資産と固定資産は，どのように分かれているのでしょうか。流動資産の多くは，１年以内に現金化できる資産です。これに対して，固定資産の多くは，１年を超えなければ現金化できない資産です。このように，１年以内に現金になるかどうかで，流動資産と固定資産を区分します。この基準を**１年基準（ワンイヤー・ルール）**といいます。この１年基準は，流動資産と固定資産を分類するだけではなく，流動負債と固定負債

を分類するためにも用います。これらの関係をまとめると図表5－3のような図で示すことができます。なお，本章では，流動資産の部分を取り上げます（次の第6章では，固定資産の部分を取り上げます）。

図表5－3　流動資産と固定資産

3　流動資産の種類と配列

前掲図表5－2でみたように，流動資産には，**「現金及び預金」**「**受取手形」「売掛金」「有価証券」「商品及び製品」**などが含まれています。では，これらの項目は，どのような資産なのでしょうか。また，このほかに含まれる流動資産にはどのようなものがあるのでしょうか。主要な流動資産を一覧にして図表5－4に示しました。

図表5－4　流動資産の種類

名　称	説　　　明	別　称
現金及び預金	通貨・紙幣，郵便貯金，普通預金，当座預金（小切手を振り出せる口座），定期預金（1年以内），外貨預金など。	現金預金
受取手形	手形の受取高。手形とは，ある期日までに一定の金額を支払うことを示した証券をいう。主に約束手形と為替手形の2種類がある。	―
売掛金	商品や製品の売上代金の未収入額。	―
有価証券	売買目的で保有する有価証券。株式や公社債などが含まれる。	売買目的有価証券

たな卸資産	販売目的で保有している資産。商品・原材料・仕掛品（生産途上のもの）・製品などの総称である。デパートやスーパーなどの商業では，商品が主に表示され，家電メーカーや食品メーカーなどの製造業では，原材料・仕掛品・製品が主に表示されている。	商品 原材料 仕掛品 製品
短期貸付金	1年以内に貸付期限の到来する貸付金。	貸付金
未収金	商品・製品以外の売上代金の未収入額。	未収入金
貸倒引当金	受取手形や売掛金を現金で回収できない可能性の見積額。資産（受取手形や売掛金）の控除科目となる。	—

＊このほかに前渡金や前払費用，未収収益，繰延税金資産などの項目があります。実際の貸借対照表をみて，このほかにどのような項目があるかを確認してみましょう。

　ここでは，流動資産に含まれる主な項目をあげました。すべての会社がこれらの項目を必ず記述しているわけではありません。あくまでも会社の業種や形態に応じて必要となる項目が異なってきます。そこで，業種や形態の違いから生じる流動資産の差を「**たな卸資産**」から考えてみましょう。

　金融・保険業（銀行や信用金庫，保険会社など）や運輸業（鉄道会社やバス会社，航空会社など）やサービス業（学校やマスコミ，ホテルなど）などは，商品や製品よりもサービスを主に提供します。このような業種では，あまり商品や製品などを取り扱うことがありません。したがって，たな卸資産が流動資産に表示されることが少なく，また表示されていても少額にしかすぎません。

　逆に，製造業（自動車会社や食品会社など）や卸売・小売業（百貨店やスーパーなど）や建設業（住宅・ビル・マンション建設会社）などは，サービスよりも商品や製品を主に提供します。このような業種では，頻繁に商品や製品を取り扱うことになります。したがって，たな卸資産が流動資産に表示されることも多く，また表示される額も多額となります。

　また，流動資産は，利用者が貸借対照表を読みやすくするために，一定の順番に従って貸借対照表に並べなければならないことになっています。でたらめに並べてしまっては，ほかの会社やほかの年度と比較するときに，

わかりづらくなってしまいます。そこで，流動資産項目を現金に近い順に並べることになっています。これを**流動性配列法**と呼びます。

> ### 流動資産の並べ方
> 現金及び預金➡受取手形➡売掛金➡有価証券➡たな卸資産➡その他

　流動資産には，まず現金及び預金を表示します。次に，受取手形と売掛金の順に表示します。これは，受取手形が一定期日に現金で支払うことを法的に約束している証券であるからです（もし約束を守らなかった場合，銀行取引停止等の厳しい制裁が会社に加えられることがあります）。一方で，売掛金は，そのような約束がない状態にあるので，受取手形より現金に遠いということになります。そして，有価証券とたな卸資産の順に表示します。有価証券は，株式市場で売却すれば現金化することができますが，たな卸資産は，生産途上のものも含むため，すぐに売却できるものばかりではありません。したがって，たな卸資産は，有価証券よりも現金に遠いということになっています。

　このように，流動資産は，現金を基準として整理することが1つの特徴となっているといえるでしょう。すなわち，①1年以内に現金になるかどうか（1年基準），②現金に近い順に並べる（流動性配列法），ということになっています。

　次節では，会社の営業活動という観点から流動資産について学習することにしましょう。

4 流動資産と営業活動

　会社の**営業活動**とは，会社の本業を運営する活動のことをいいます。たとえば，ドーナツチェーン店であれば，ドーナツの材料を仕入れて，ドーナツを生産・販売することです。この原材料の仕入れから製品の販売のプロセスを営業活動と呼びます。

　実は，流動資産の多くが営業活動に関係する資産になっています。まず，

　会社は，営業活動を行うには資金が必要になります。その資金は，主に「現金及び預金」として表示されています。また，資金を有効活用するために余った資金が「有価証券」や「貸付金」などの形で投資・融資されていることもあります。

　次に，会社は，資金を用いて商品・製品の仕入れ・生産を行います。流動資産には，この仕入れ・生産に関係する資産も入ります。商品や製品に加えて，生産途上にあるもの（原材料や仕掛品，半製品など）も該当します。これらを総称して「たな卸資産」と表示されています。

　最後に，会社は商品・製品の販売を行い，資金を回収します。資金の回収は，「現金及び預金」で必ず行われるものではありません。いったん「売掛金」「受取手形」「未収金」などの債権で回収されることもあります。特に，「売掛金」「受取手形」は，必ず現金になるというわけではないので，現金にならない可能性を「貸倒引当金（かしだおれひきあてきん）」として差し引いて表示します。

　このような流動資産と営業活動の関係を図示すれば，図表5−5のとおりになります。なお，営業活動は，第9章で詳しく解説するキャッシュ・フロー計算書でも重要になりますので，よく覚えておいてください。

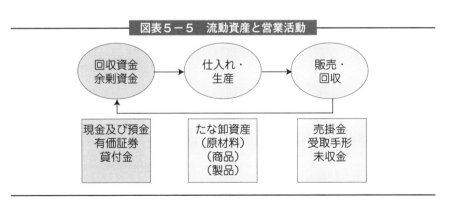

図表5−5　流動資産と営業活動

5　まとめ

　流動資産について理解できたでしょうか。まず，貸借対照表の資産は，流動資産と固定資産に分かれます。この区分は，1年以内に現金化できる

かどうかで決定します。したがって，流動資産は，1年以内に現金化できる資産です。これに対して，固定資産には，1年を超えてでなければ現金化できない資産が入ります。

　次に，流動資産の種類には，「現金及び預金」「たな卸資産」「売掛金」「受取手形」などがあります。こうした項目については，現金に近いものから順番に配列していきます。また，これらの資産は，仕入れ・生産・販売などの営業活動に関連して発生する項目です。

　なお，流動資産の金額は，その種類によって**取得原価**と**時価**を用います。取得原価とは，購入あるいは製造したときにかかった金額です。これに対して，時価とは，現在の市場で購入または販売した場合の金額です。現在の会計基準では，商品・製品などの事業用資産には取得原価を用い，有価証券などの金融資産には時価を用いるのが一般的になっています。

Column　広告会社と不動産会社の違い

　流動資産についてもう少し勉強するために，２つの会社の資産の部を確認してみましょう。図表５－６では株式会社博報堂DYホールディングス（個別財務諸表）と阪急阪神不動産株式会社のものを示しています。博報堂は，広告業の会社です。これに対して，阪急阪神不動産は，不動産業の会社です。

　両社の流動資産の内容を確認してみると，博報堂の流動資産は，「短期貸付金」に集中しているのに対して，阪急阪神不動産の流動資産は，「販売用土地建物（たな卸資産）」に集中しています。流動資産を占める割合を計算してみると，博報堂の流動資産は，約67％以上が短期貸付金になっていますし，阪急阪神不動産の流動資産は，約90％がたな卸資産ということになります。

　この違いは，会社の業種や形態から考えれば，当然の結果といえます。博報堂は，広告というサービスを提供する会社です。だから，商品や製品を仕入・販売することがほとんどなく，たな卸資産が限られています。これに対して，阪急阪神不動産は，住宅や建物や土地などの高額の商品を売買する会社です。だから，商品在庫を示す「販売用土地建物」が流動資産の多くを占めてしまうのです。

　この差は，会社の流動資産をみるポイントも変えてしまいます。博報堂の場合は，短期貸付金をきちんと現金として回収できるかどうかが重要になります。これに対して，阪急阪神不動産の場合には，土地や建物が売れるかどうかが重要になります。会社の業種や形態と流動資産の項目の関係を示す一例といえるでしょう。

図表5−6　博報堂・阪急不動産の資産の部（要約）

博報堂の資産の部
（2023年3月31日現在）
（単位：百万円）

資産の部	
流動資産	56,416
現金及び預金	572
営業未収入金	2,483
関係会社短期貸付金	38,256
金銭債権信託受託益	3,987
未収還付法人税等	5,750
前払費用	1,509
立替金	1,758
その他	2,097
固定資産	450,143
資産合計	506,560

阪急阪神不動産の資産の部
（2023年3月31日現在）
（単位：百万円）

資産の部	
流動資産	216,488
現金及び預金	2,002
未収入金	8,623
販売用土地建物	196,412
前払費用	461
短期貸付金	5,312
その他	3,681
貸倒引当金	△ 6
固定資産	400,902
資産合計	617,391

（出所）株式会社博報堂DYホールディングス：「2023年3月期有価証券報告書」
https://ssl4.eir-parts.net/doc/2433/yuho_pdf/S100R5WZ/00.pdf
阪急阪神不動産株式会社：「第74期決算公告」
https://www.hhp.co.jp/corp/finance/pdf/74.pdf

● 練習問題 ●

1　次の空欄に適切な語を補って文章を完成させなさい。

1．資産の部は，[　①　]と固定資産から構成されています。[　①　]には，「現金及び預金」「受取手形」「売掛金」などが含まれています。[　①　]と固定資産の区分は，[　②　]以内に現金化できるかどうかで決定します。これを[　③　]と呼びます。

2．流動資産の部を表示するにあたっては，現金に近いものから順番に表示します。したがって，現金，[　④　]，[　⑤　]，[　⑥　]，[　⑦　]の順で表示することになります。これを[　⑧　]配列法と呼びます。

3．流動資産の多くは，会社の[　⑨　]に関連しています。会社の[　⑨　]とは，会社の本業を運営する活動のことをいいます。たとえば，ドーナツ

チェーン店であれば，ドーナツの材料を仕入れて，ドーナツを生産・販売することです。この原材料の仕入れから製品の販売のプロセスを［　⑨　］と呼びます。

4．流動資産の金額は，その種類によって［　⑩　］と［　⑪　］を用います。［　⑩　］とは，購入あるいは製造したときにかかった金額です。これに対して，［　⑪　］とは，現在の市場で購入した場合の金額です。現在の会計基準では，商品・製品などの事業用資産には［　⑩　］を用い，有価証券などの金融資産には時価を用いるのが一般的になっています。

（解答は212ページ）

【さらに学習を深めるための書籍】

①　大阪商工会議所編『ビジネス会計検定試験公式テキスト3級［第5版］』中央経済社，2014年

　　ビジネス会計検定試験用の教科書ですが，基本的な会計学（財務諸表論・財務諸表分析・会計理論等）の内容を網羅しています。特に，独学で会計学を勉強したい人，資格試験に関連づけて勉強したい人に最適といえます。

②　田中靖浩『会計の世界史 イタリア，イギリス，アメリカ—500年の物語』日本経済新聞出版，2018年

　　会計を世界史とかかわらせて学ぶことができる本です。絵画や革命が簿記や会計の歴史に意外と関わってきたことが分かれば，簿記会計の学習も進むはずです。

第 **6** 章

固定資産

1 はじめに

　本章で学習するのは，主に固定資産についてです。固定資産は，貸借対照表の資産を構成しています。さしあたって，固定資産は，現金から遠いものをイメージしていただければよいと思います。ですから，身のまわりでいえば，建物や土地，ショーウィンドーなどをイメージすればよいと思います。

　学習にあたっては，第5章の内容の復習から入ることにします。固定資産は，流動資産と同じ資産を構成するものですが，内容が大きく異なります。この部分をまず確認します。次に，固定資産が会社の活動とどのよう

図表6-1　固定資産の例

工場・店舗・倉庫・クレーン・リフト

ソフトウェア・発明・事務所・建物

に関係しているかを考えていきます。そして，減価償却と呼ばれる手続き
を学習してこの章を締めくくりたいと思います。なお，本章の理解にあ
たっても，身近な決算書（貸借対照表）をみながら進めていくことがよい
と思います。

2　固定資産の種類

　固定資産の内容に入る前にもう一度，江崎グリコ株式会社の貸借対照表
を確認してみましょう（図表5－2（60ページ）参照）。

　第5章で述べたように，資産は，大きく流動資産と固定資産に区分しま
す（1年基準に基づいて2つに分けます）。本章で学習するのは，このう
ち固定資産の部分となります。この会社の場合，流動資産と固定資産は，
ほぼ半分ずつに分かれていましたが，実際の財務諸表においては，会社の
業種や形態によってさまざまなものに分かれることになるでしょう。

　たとえば，大規模な設備を必要とする会社は，固定資産の部分が流動資
産よりも大きくなります。これに対して，大規模な設備を必要としない会
社は，固定資産の部分が小さくなるでしょう。ただし，大規模な設備を必
要とする会社でも固定資産を保有するのではなく，借りて営業している場
合もあります。さらに，自社で大規模設備自体を保有せずに子会社を通じ
て運用している会社もあるかもしれません。このような点を貸借対照表の
うちの固定資産の部分は示しています。

　さて，江崎グリコ株式会社の固定資産を確認してみると，固定資産が
「有形固定資産」と「無形固定資産」と「投資その他の資産」の3つに分
かれていることが確認できます。この区別は，会社が何に投資をしている
かで決まっています。すなわち，有形固定資産は，土地や建物のように形
のある資産への投資額を示します。無形固定資産は，特許権や商標権のよ
うな形のない法律上の権利などへの投資額を示します。最後に，投資その
他の資産は，長期的な株式・社債等への投資額を示しています。

　それでは，具体的な内容について確認してみましょう。図表6－2から

図表6−4では，固定資産を「有形固定資産」「無形固定資産」「投資その他の資産」に分けて代表的な項目を示しました。

　流動資産の項目と同様に，すべての会社がこれらの項目を必ず記述しているわけではありません。あくまでも会社の業種や形態に応じて必要となる項目が異なってきます。

　たとえば，鉄鋼業や化学工業，繊維工業などの製造業は，大規模設備を使って原材料を製品へと加工・販売しています。したがって，有形固定資産の項目を取り扱うことが多くなります。また，その資産に占める金額も

図表6−2　主な有形固定資産

名　称	説　明	別　称
建　物	店舗，工場，事務所，倉庫などの建造物	建物および構築物
構　築　物	ドック，橋，軌道，貯水池，坑道，煙突などの土木設備	
機　械　装　置	コンベヤー，クレーンなどの搬送設備	機械装置および運搬具
車　両　運　搬　具	トラック，自動車，オートバイ，鉄道車両などの陸上運搬具	
工具器具及び備品	測定工具・治具，試験機器，測定機器，事務機器，応接セットなどの備品類	工具器具備品備品
土　地	店舗，工場，事務所，倉庫などの敷地	

※このほかに，有形固定資産には「建設仮勘定」や「減価償却累計額」などが含まれます。

図表6−3　主な無形固定資産

名　称	説　明
特　許　権	技術的発明を独占的に使用できる権利
商　標　権	商品のロゴやマークなどを独占的に使用できる権利
ソフトウェア	ソフトウェア制作費やバージョンアップ費用

※このほかに，無形固定資産には「のれん」や「実用新案権」，「鉱業権」などが含まれます。

図表6－4　投資その他の資産

名　称	説　明	別　称
投資有価証券	満期保有目的で所有する公社債（1年を超えるもの）とその他有価証券（売買目的有価証券・子会社および関連会社株式・満期保有目的債券以外のもの）	満期保有目的債券,その他有価証券
長 期 貸 付 金	1年を超えて貸付期限の到来する貸付金	
子 会 社 株 式	他の会社を支配するための株式等への投資額（50%以上の株式を保有する会社等）	子会社および関連会社株式
関 連 会 社 株 式	他の会社と提携関係等を維持・拡張するための株式等への投資額（20%以上の株式を保有する会社等）	

※このほかに，投資その他の資産には「長期前払費用」などが含まれます。

大きくなると考えられます。これに対して，ソフトウェア制作会社は，大規模設備を用いることなくソフトウェアを制作して販売しています。したがって，有形固定資産の項目を取り扱うことが少なく，金額も小さくなりがちです。

　以上のように，固定資産は，会社がどのような資産に投資を行って営業活動を継続・拡張しているかに関係しています。そこで，次節では固定資産と投資活動について学習していきます。

3　固定資産と投資活動

　会社の**投資活動**とは，会社の本業を維持・拡張するための活動を示しています。たとえば，ドーナツチェーン店が新しい店舗を出店したり，新しい発明やマークを登録したり，既存のチェーン店を買収することなどを示しています。

　実は，固定資産の多くが投資活動に関係する資産になっています。まず，会社は，「有形固定資産」を製作・購入します。これを**設備投資**といいます。たとえば，ドーナツチェーン店が新しい店舗を出店する際に，新たに

土地や建物や備品等を購入する必要があります。「有形固定資産」は，会社の設備投資の状況を示していることになります。

　次に，会社は，「無形資産」を製作・購入します。たとえば，ドーナツチェーン店が新しいドーナツを開発したり，新しいマークをつけて販売することです。この場合，公的な機関に登録することで特許権や商標権を獲得することになります。「無形資産」は，会社の**無形資産投資**の状況を示していることになります。

　最後に，会社は，別の会社を買収したり，別の会社と提携することがあります。たとえば，ドーナツチェーン店が他のドーナツチェーン店を買収したり，音楽会社と提携して人気アーティストによる広告やPRを行うかもしれません。この場合には，別の会社の株式や社債を購入する必要があるかもしれません。投資その他の資産は，会社の**長期的な株式・社債等への投資**（証券投資）の状況を示していることになります。

　このような固定資産と投資活動の関係を図示すれば，図表6-5のとおりになります。なお，投資活動は，第9章で詳しく解説するキャッシュ・フロー計算書でも重要になりますので，よく覚えておいてください。

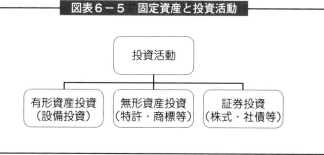

図表6-5　固定資産と投資活動

　なお，貸借対照表では，社長のカリスマ性や従業員の熱意，熟練工の技術などの**人的資源**を資産として掲載していません。あくまでも，誰がみても評価できるものに限定しています。この点が貸借対照表の悪いところでもあり，貸借対照表の良いところでもあります。

4 減価償却

　皆さんは，「**減価償却**」が難しい言葉に思えるかもしれません。言葉を2つの単語に分けてみましょう。まず，「減価」とは，モノの価値が減ることをいいます。次に，「償却」とは，費用にすることをいいます。したがって，「減価償却」とは，モノの価値を減らして費用にすることをいいます。

　この減価償却という手続きは，固定資産のうち「有形固定資産（土地を除く）」と「無形固定資産」に対して行われることになっています。たとえば，ドーナツチェーン店が保有する店舗建物や備品は，減価償却の対象になります。店舗建物は，通常使用するに従って価値が減少していくからです。

　次のような例を考えてみましょう。店舗建物の購入金額が1,000,000円であったとします。この建物は，5年間使用することができます。もし毎年同じ額だけ価値が減少するとすれば，1年間で200,000円の価値が減少していきます。これを表にしてみると，図表6－6のようになります。

図表6－6　減価償却の計算

	購入時	1年目	2年目	3年目	4年目	5年目
建物の金額	1,000,000	800,000	600,000	400,000	200,000	0
減価償却費	0	200,000	200,000	200,000	200,000	200,000
減価償却累計額	0	200,000	400,000	600,000	800,000	1,000,000

　この図表からわかるように，建物の価値が1年目から5年目まで200,000円ずつ減らしていくようなプロセスが減価償却です。5年目には，建物の価値は0円となっているのがわかると思います。このように，毎年同じ金額だけモノの価値を減らしていく減価償却の方法を**定額法**と呼んで

います。

　なお，**減価償却累計額**とは，毎年の減価償却費を累計していったものです。実際の貸借対照表では，建物などの金額から減価償却累計額を差し引くと，現在の金額がわかるようになっています。

5 まとめ

　固定資産について理解できたでしょうか。まず，固定資産は，「有形固定資産」「無形固定資産」「投資その他の資産」の3つに分かれます。有形固定資産は，形のある資産への投資額を示します。無形固定資産は形のない法律上の権利等への投資額を示します。最後に，投資その他の資産は，長期的な株式・社債等への投資額を示しています。

　次に，上記の3つの固定資産の多くは，会社の投資活動と深く関係しています。会社は，「有形固定資産」と「無形固定資産」と「投資その他の資産」の3つの項目に投資していることが多いからです。

　最後に，固定資産のうち「有形固定資産（土地を除く）」と「無形固定資産」は，減価償却という手続きを行います。「減価償却」とは，モノの価値を減らして費用にすることをいいます。

　なお，固定資産の金額を表示するには，**取得原価**を用います。取得原価とは，購入あるいは製造したときにかかった金額です。流動資産と違って，固定資産は，一部を除いて時価を用いることがありません。

| Column | **バス会社とソフトウェア会社の違い** |

　固定資産についてもう少し勉強するために，2つの会社の資産の部を確認してみましょう。図表6－7では，西日本JRバス株式会社とNTTテクノクロス株式会社を示しています。西日本JRバスは，バス輸送の会社です。これに対して，NTTテクノクロス株式会社は，ソフトウェア開発・設計の会社です。

　たとえば，両社の有形固定資産の内容を確認してみましょう。西日本JRバスの金額は多いですが，NTTテクノクロスの金額は，あまり大きくありません。西日本JRバスは，固定資産の約94%が有形固定資産になっていますが，NTTテクノクロスの有形固定資産は，固定資産の約16%しかありません。一方，無形固定資産と投資その他の資産は，NTTテクノクロスのほうが大きいです。

　この違いは，会社の業種や形態から考えれば，当然の結果といえます。西日本JRバスは，バスによる旅客サービスを提供する会社です。ですから，車両や建物や土地などの有形固定資産を保有しなければ事業を行うことが難しいのです。これに対して，NTTテクノクロスは，会社向けにソフトウェアの開発や設計を行う会社です。ですから，有形固定資産が少なくても事業を運営することが可能なのです。

　特に，NTTテクノクロスの固定資産の中には，敷金という勘定科目があるのも特徴です。ちなみに，敷金とは，借主が貸主に預けておく保証金のことをいいます。NTTテクノクロスの場合は，他の会社等に保証金を支払って事業の運営を行っていることになります。

図表６－７　西日本JRバスとNTTテクノクロスの資産の部（要約）

西日本JRバスの資産の部
（2023年3月31日現在）
（単位：千円）

資産の部	
流動資産	1,699,038
固定資産	7,652,877
有形固定資産	7,186,387
車両	3,284,411
建物	1,383,313
構築物	318,651
機械装置	121,664
工具器具備品	37,350
土地	1,925,325
建設仮勘定	115,670
無形固定資産	47,015
ソフトウェア	46,769
その他	246
投資その他の資産	419,474
関係会社株式	155,930
投資有価証券	39,553
長期貸付金	25,000
長期前払費用	32,466
繰延税金資産	27,182
その他投資等	139,369
貸倒引当金	△ 27
資産合計	9,351,916

NTTテクノクロスの資産の部
（2023年3月31日現在）
（単位：千円）

資産の部	
流動資産	23,681,470
固定資産	13,418,937
有形固定資産	2,203,094
建物	590,330
機械及び装置	337
工具器具備品	1,612,425
無形固定資産	3,025,308
電話加入権	53,262
ソフトウェア	2,653,093
ソフトウェア仮勘定	238,240
その他	80,711
投資その他の資産	8,190,535
投資有価証券	2,870,448
関係会社株式	121,372
敷金	792,448
前払年金費用	1,784,348
繰延税金資産	2,596,975
その他	24,943
資産合計	371,000,408

（出所）西日本ジェイアールバス：「2022年度決算公告」
https://www.nishinihonjrbus.co.jp/company/ir/pdf/settlement_2022.pdf
NTTテクノクロス株式会社：「第38期決算公告」
https://www.ntt-tx.co.jp/corporate/pdf/koukoku_kessan_38.pdf

◉ 練習問題 ◉

1　次の空欄に適切な語を補って文章を完成させなさい。

1．固定資産は，[　①　]，[　②　]，[　③　]の3つに分かれています。
　　[　①　]は，土地や建物のように形のある資産への投資額を示します。
　　[　②　]は，特許権や商標権のような形のない法律上の権利への投資額を示
　　します。[　③　]は，長期的な株式・社債等への投資額を示しています。

2．会社の[　④　]とは，会社の本業を維持・拡張するための活動を示して
　　います。たとえば，ドーナツチェーン店が新しい店舗を出店したり，新しい
　　商品のマークや包装紙を製作して販売したり，既存のチェーン店を買収する
　　ことなどを示しています。

3．[　⑤　]とは，モノの価値を減らして費用とすることをいいます。固定資産
　　のうち「有形固定資産（土地を除く）」と「無形固定資産」に対して[　⑤　]
　　が行われることになっています。

4．工場の購入金額10,000,000円を10年間にわたって定額法により減価償却を行
　　います。もし10年後の工場に価値がまったくないとすれば，3年目の減価償
　　却費の金額は[　⑥　]となり，3年目の工場の価値は[　⑦　]となります。

（解答は212ページ）

【さらに学習を深めるための書籍】

① 友岡賛『会計学原理』税務経理協会，2012年

　　「会計とは何か？」「会計の目的とは何か？」などの会計の原理原則に立ち
　　戻って検証しようとする意欲作です。

② 行待三輪『はじめて学ぶ国際会計論』創成社，2018年

　　国際会計基準（IAS）と国際財務報告基準（IFRS）の基本を解説した本で

す。新聞・雑誌の時事問題や豊富な例からその考え方を概括することができます。

③　向伊知郎『ベーシック国際会計［第2版］』中央経済社，2019年

国際会計基準（IAS）と国際財務報告基準（IFRS）を解説した本です。基準の内容だけでなく，その背景や仕組みなどについても言及されています。

第 **7** 章

負債と純資産

1　はじめに

　第4章では，企業の財政状態を示す貸借対照表の見方について説明しました。貸借対照表では，決算日時点での資金の調達源泉とその使途が左右に対照表示されます。このうち，資金の具体的な使途を示す資産については，第5章と第6章で取り上げました。

　本章では，貸借対照表の右側に表示される資金の調達源泉としての負債と純資産について説明します。企業はどのようにして事業資金を調達するのか。その結果として生じる負債と純資産にはどのようなものがあり，どのような形で貸借対照表に表示されるのか。これらが本章で学習する内容になります。なお，貸借対照表に表示される負債と純資産をどのように読み解くか，第1章で説明した投資意思決定情報としてどのように利用するかについては，第10章で解説します。

2　会社の資金調達

　企業は事業活動を遂行するうえで多額の資金を必要とします。製品開発のための研究を行い，製品製造のための工場や機械装置を準備し，従業員を雇用しなければなりません。企業はそれらに必要な資金をどのようにして調達するのでしょうか。以下では，最も代表的な企業形態である株式会社を前提として，そこでの主要な資金調達方法についてみていくことにしましょう。

2-1 株式の発行による資金調達

　株式会社はその設立時に株式を発行し，これを売り出すことによって開業資金を調達します。株式は会社の所有権を表す有価証券です。会社の所有主になることを希望する者を募り，株式の購入を引き受けてもらいます。会社の設立にあたる発起人がすべての株式を引き受けることもあります。株式の引受人からの資金の払込みを出資といいます。出資が行われると，それと見返りに株式が発行されます。出資によって株式を取得した者はその会社の株主となります。

　会社設立時に発起人が作成する定款とよばれる書面には，その会社が発行できる株式の総数（これを発行可能株式総数といいます）が記載されています。会社設立時にその全部を発行する必要はありません。発行可能株式総数の４分の１以上を発行すればよいとされています。会社設立後に追加の資金が必要になった場合は，残りの未発行株式数の範囲内で自由に株式を発行し，出資者からの払込みを受け入れることができます。これを増資といいます。未発行株式数の残りが少なくなってくれば，株主総会での決議を経て定款を変更することによって，発行可能株式総数の枠をその時点での発行済株式数の４倍まで増やすことができます。

　株式の発行は，余剰資金を保有する不特定多数の人々から広く資金を調達することを可能にします。株式の発行によって株主から払い込まれた資金は，「**資本金**」として貸借対照表の純資産の部に計上されます。

2-2 借入れによる資金調達

　株式会社はその設立時に会社の所有主となる株主から払い込まれた資金を元手に営業活動をスタートさせますが，それだけで十分でなければ別の手段によって資金を調達することも考えなければなりません。経営が軌道に乗りはじめると，さらなる成長を目指して事業規模を拡大しようとするでしょう。そこでは，工場や製造機械の増設などの設備投資が欠かせません。そのための資金を調達する最も一般的な方法は，さきほど説明した新

株発行による増資です。しかし，以前よりは容易になったとはいえ，株式発行の手続きには時間を要します。また，株主からの資金調達が増えると，それだけ利益を多く獲得しなければ1株当たりの配当金額を維持するのが難しくなるでしょう。株主への配当を減らすと株価が下がることも多く，企業価値の低下をもたらすというデメリットもあります。株式発行とは別の方法で資金調達を機動的に進めていくならば，銀行などの金融機関からの借入れが有効です。

　借入金額・返済期日・利率・利子の支払方法などを記載した借用証書を作成し，これを金融機関に渡して資金を借ります。この方法による場合，借主である会社は，金融機関に対して所定の利子を支払うとともに，返済期日までに借入額を返済しなければなりません。利子は借入金額の元金に追加して後払いされるのが通常です。借用証書にかえて，期日までに所定の金額を支払うことを約束する手形とよばれる有価証券を作成し，これを担保として金融機関に差し入れて資金を借りる方法もあります。たとえば，額面100万円の手形を作成し，これを金融機関に持ち込んで，利息相当額3万円を差し引いた97万円で買い取ってもらい，満期日に100万円を返済します。この場合の利子は前払いされていることになります。どちらの方法も借入金額に制限はありません。異なるのは借入期間と返済方法です。手形による借入れの場合，借入期間が原則として1年以内とされ，手形の期日に一括返済する必要があります。このため，短期に少額な資金を必要とする場合に利用されることが一般的です。これに対し，借用証書による借入れでは1年を超える借入期間を設定することができ，分割返済も認められています。したがって，1年以上の長期にわたって高額な資金を必要とする場合に適しています。

　金融機関からの借入れによって調達した資金は，「**借入金**」として貸借対照表の負債の部に計上されます。

2-3 社債の発行による資金調達

　第3の方法として，社債の発行があります。社債券とよばれる有価証券を発行して，これを投資家などに購入してもらうことで資金を調達します。社債を購入し保有する者を社債権者といいます。株式にはありませんが，社債には期限が設定されます。社債の発行とひきかえに資金を調達した会社は，満期日またはそれ以前に，発行した社債を額面金額で買い戻さなければなりません。これを社債の償還といいます。社債を発行したのち，それを償還するまでの期間，社債の発行会社は社債権者に対して定期的に所定の利子を支払います。

　株式と同じく，社債も有価証券ですから，証券市場に参加する人々から広く資金を調達することを可能にします。他方で，将来的な償還とそれまでの定期的な利子の支払いを要する点に着目すれば，社債の発行による資金調達は投資家からの借入金といえるでしょう。ただし，金融機関からの借入金と異なり，利率や償還期限などを社債の発行会社が主体的に決めることができます。

　社債の発行によって調達した資金は，「**社債**」として貸借対照表の負債の部に計上されます。

2-4 その他の方法による資金調達

　資金調達の手段は，上記のように直接的に現金等を調達する方法だけではありません。株式会社が最終的に獲得した利益は，会社の所有主である株主のものとなります。しかし，債権者保護の観点から，利益のすべてを株主に配当という形で分配することは原則として認められていません。また，将来の経営にそなえて，利益の一部を社内に留めておくことも必要です。会社は事業活動によって利益を生み出し，その一部を内部留保することによって余剰資金を作り出すことができます。

　ほかにも，商品や原材料の仕入れにともなう買掛金の計上や支払手形の振出しも重要な資金調達手段となります。次節で説明しますが，買掛金も

支払手形も営業上の債務であり，後日に代金の支払いを約束するものです。仕入れ業者に代金の支払いを猶予してもらうことで，資金の流出を抑えることができれば，短期的ではありますが，会社に滞留する資金は増加します（減りません）。

2-5　自己資本と他人資本

　株式会社が調達する資金は，誰から調達したものなのか，すなわち資金の調達源泉ないし帰属の面から大きく2つに区別されます。自己資本と他人資本です。会社の所有主である株主から調達された資金は**自己資本**とよばれます。返済の必要がなく，会社の盛衰と運命をともにすることになります。株式の発行とひきかえに株主から払い込まれた資金は自己資本です。さらに，その資金を活用して獲得した利益の内部留保によって作り出した余剰資金も，株主に帰属するものなので自己資本に含まれます。

　他方，株主以外の他人から調達された資金は**他人資本**とよばれます。所定の期限までに返済を必要とし，いずれは会社から出ていくことになります。金融機関からの借入金や社債発行によって調達した資金は他人資本です。仕入れ業者などに対する未払代金（買掛金や支払手形など）も，株主以外の他人との取引（代金の支払い猶予）によって会社に滞留する資金が増えると考えれば，他人資本に含まれます。

　自己資本の形で調達した資金は貸借対照表に**純資産**として計上されます。他人資本の形で調達した資金は貸借対照表に**負債**として計上されます。

3 負債

3-1 負債とは

　貸借対照表に表示される**負債**は，将来において企業の資産を減少させるような経済的負担を表します。その大部分は法律上の債務です。法律上の債務については，いつ（期日），だれに（相手方），いくら（金額）を支払わなければならないかがすでに確定している場合が多いです。負債に計上される項目は，(a)主たる営業取引から生じる営業上の負債，(b)営業取引に付随して生じる負債，(c)資金調達取引から生じる有利子負債から構成されます。

3-2 負債の区分表示

　資産が流動資産と固定資産に区分されたのと同様に，貸借対照表に計上される負債も流動負債と固定負債に区分して表示されます。おおまかにいえば，**流動負債**は1年以内の短期間のうちに支払いや引渡しが必要とされる債務であり，そうでないものが**固定負債**です。図表7-1では，江崎グリコ株式会社の個別貸借対照表における負債の部を例示しています。

図表7-1　江崎グリコ株式会社の個別貸借対照表の負債の部（抜粋）

（単位：百万円）

	前事業年度 （2021年12月31日）	当事業年度 （2022年12月31日）
負債の部		
流動負債		
買掛金	24,401	27,029
短期借入金	232	–
未払金	3,175	2,425
未払費用	14,545	14,349
未払法人税等	2,411	1,971
預り金	2,830	1,965
返金負債	–	3,943
販売促進引当金	2,286	–
役員賞与引当金	67	73
株式給付引当金	21	–
その他	50	567
流動負債合計	50,021	52,326
固定負債		
転換社債型新株予約権付社債	30,044	30,023
長期借入金	77	–
預り保証金	2,398	2,369
退職給付引当金	57	50
繰延税金負債	4,994	5,225
その他	677	663
固定負債合計	38,250	38,331
負債合計	88,272	90,658

（出所）江崎グリコ株式会社「第118期有価証券報告書」より一部抜粋

　安定的な経営を行うためには，資金の源泉と使途のバランスが重要です。資産とあわせて負債も流動項目と固定項目に分類することで，資金の源泉と使途のバランスが確保されているか否かを容易に観察できるようになります。たとえば，流動資産と流動負債の金額を対比することによって，短期のうちに返済しなければならない負債額に対して，短期のうちに現金化

されて負債額の返済にあてることのできる資産を十分に持ち合わせている
かどうかが明らかになります。また，固定資産の金額を固定負債・純資産
の合計額と対比することで，長期間にわたり拘束され現金化されるまでに
時間のかかる固定資産が短期に返済を要しない資金や返済不要な資金でま
かなわれているかどうかを知ることができます。

　流動負債と固定負債の区分表示は，資金の源泉と使途の関係をよりいっ
そう明瞭に表示するための工夫といえます。この区分表示は次の２つの
ルールに従います。正常営業循環基準と１年基準（ワンイヤー・ルール）
です。

3-3 流動負債

　企業の営業循環に含まれる項目は，**正常営業循環基準**が適用され，流動
負債に分類されます。営業循環とは，［原材料などの仕入れ→製品・サー
ビスの生産→製品・サービスの販売→売上代金の回収］という営業活動の
一連の流れをいいます。正常営業循環基準によって流動負債に分類される
項目としては，買掛金・支払手形・前受金などがあります。これらはすべ
て営業取引から直接的に生じた営業上の負債になります。どれも短期間の
うちに支払等を要するものばかりです。

　正常営業循環基準によって流動負債に分類されなった負債項目について
は，次に**１年基準（ワンイヤー・ルール）**が適用されます。決算日の翌日
から起算して１年以内に支払期限の到来するものは流動負債に分類されま
す。未払金・預り金・未払費用・前受収益など営業取引に付随して生じる
負債や，短期借入金・１年内償還予定の社債など短期の有利子負債がそれ
です。以下の図表７－２では，流動負債に分類される主な項目について説
明しています。

図表7－2　流動負債に分類される主な項目

項　　目		説　　明
営業上の負債	買掛金	後日に代金を支払うことを約束して，商品や原材料を仕入れたときに発生した未払代金
	支払手形	商品や原材料の仕入れの対価として，仕入先に対して手形を振り出したことによって生じた手形代金の支払義務
	前受金	内金または手付金として商品等の代金を前もって受け取ったことで生じる商品等の引渡し義務
営業取引に付随して生じる負債	未払金	有価証券や固定資産の購入など，主たる営業活動以外の取引から生じた未払代金
	預り金	従業員給与にかかる源泉所得税や社会保険料の預かり額
	未払費用	一定の契約に従い，継続してサービスの提供を受ける場合に，すでに提供を受けたサービスに対して，いまだその対価の支払いが終わっていないもの
	前受収益	一定の契約に従い，継続してサービスの提供を行う場合に，いまだ提供していないサービスに対して，前もって支払いを受けた対価
	未払法人税等	法人税，住民税，事業税の未払額
短期の有利子負債	短期借入金	決算日の翌日から起算して1年以内に返済期限が到来する借入金
	1年内償還予定の社債	決算日の翌日から起算して1年以内に償還期日が到来する社債

3-4　固定負債

　正常営業循環基準または1年基準（ワンイヤー・ルール）によっても流動負債に分類されなかった項目は，最終的に固定負債に分類されます。主たる項目として，図表7－3に示すような決算日の翌日から起算して1年を超えて支払期限の到来する長期の有利子負債があります。

図表7－3　固定負債に分類される主な項目

項　　目		説　　明
長期の有利子負債	長期借入金	決算日の翌日から起算して1年を超えて返済期限が到来する借入金
	社債	決算日の翌日から起算して1年を超えて償還期日が到来する社債

4　純資産

4-1　純資産とは

　資産と負債の差額は**純資産**として貸借対照表に記載されます。株式会社の純資産は，株主に帰属する株主資本と株主資本以外の項目に大別されます。図表7－4では，江崎グリコ株式会社の個別貸借対照表における純資産の部を例示しています。純資産の大部分を占めるのは，「**株主資本**」です（図表7－4網掛け部分）。株主資本以外の項目としては，評価・換算差額等があります。評価・換算差額等は，所定の資産を時価で評価したときの取得原価との差額です。たとえば，他社と相互に保有しあう持ち合い株式の時価が取得原価を上回る場合の，その値上がり益がそれです。最終的には株主に帰属するものなので純資産として計上されますが，実際に売却されるまでは未実現の収益であるため，当期の損益計算に含めることなく，その他有価証券評価差額金という科目名で株主資本とは区別して記載されます。このほかに，株式引受権や新株予約権も純資産の部に株主資本とは区別して表記されます。ただし，本書ではこれ以上の説明は必要ないでしょう。株主資本を理解すれば十分です。

図表7－4　江崎グリコ株式会社の個別貸借対照表の純資産の部（抜粋）

（単位：百万円）

	前事業年度 （2021年12月31日）	当事業年度 （2022年12月31日）
純資産の部		
株主資本		
資本金	7,773	7,773
資本剰余金		
資本準備金	7,413	7,413
その他資本剰余金	26	34
資本剰余金合計	7,440	7,448
利益剰余金		
利益準備金	1,943	1,943
その他利益剰余金		
固定資産圧縮積立金	6,089	6,071
オープンイノベーション促進税制積立金	200	349
別途積立金	128,893	128,893
繰越利益剰余金	53,924	61,592
利益剰余金合計	191,051	198,788
自己株式	△9,057	△13,806
株主資本合計	197,208	200,203
評価・換算差額等		
その他有価証券評価差額金	11,277	10,945
繰延ヘッジ損益	253	△59
評価・換算差額等合計	11,531	10,885
純資産合計	208,739	211,088

（出所）江崎グリコ株式会社「第118期有価証券報告書」より一部抜粋

4-2 払込資本と留保利益

　株主資本は，(a)株主から払い込まれた資金である**払込資本**と，(b)その資金を活用して獲得した利益の社内留保分である**留保利益**から構成されます。株主からの払込資本は事業を始めるにあたって元手となるものです。その元手から得られた果実たる部分が留保利益です。

　個人企業であれば，元手たる払込資本と果実たる留保利益を区別する必要は特にありません。獲得した利益はすべて事業主に帰属するからです。しかし，株主の有限責任制度をとる株式会社では，債権者の権利は会社の財産によってのみ保証されるにすぎません。債権者の権利を保護するには，むやみな株主への配当などで会社の純資産が無制限に流出してしまうのをとめなければなりません。そのためには，純資産のなかでも，会社内に維持すべき部分と，株主への配当等として社外に流出しうる部分を明確に区別しておく必要があります。この区別は，図表7－5に示すように，株主資本を構成する項目の源泉別分類を基礎として会社法に定められています。

図表7－5　株主資本の源泉別分類

貸借対照表の純資産			（源泉別分類）		
純資産の部	株主資本		資本金		払込資本
			資本剰余金	資本準備金	
				その他資本剰余金（資本金減少差益，自己資本処分差益）	
			利益剰余金	利益準備金	留保利益
				その他利益剰余金（繰越利益剰余金，任意積立金）	
			自己株式		
	株主資本以外の部分		評価・換算差額等，株式引受権，新株予約権		

4-3　株主資本の構成項目

（1）資本金

　株式の発行とひきかえに株主から払い込まれた金額は，その全額を「**資本金**」に組み入れるのが原則です。資本金は会社法上の法定資本です。債権者の権利を担保するうえで，最低限維持すべきことが要求される純資産の基準額を表します。

（2）資本剰余金

　株主から払い込まれた金額は資本金とすることを原則としますが，会社法は払込金額の2分の1までは資本金としないことも認めています。資本

金に組み入れなかった金額は株式払込剰余金とよばれ，資本剰余金の1項目である「**資本準備金**」として積み立てなければなりません。資本準備金は，会社法の定めによって積立てが強制される法定準備金です。

　資本準備金以外にも資本剰余金に含まれる項目がいくつかあります。たとえば，資本金減少差益がそれです。資本金を減らす取引を減資といいます。減資は，会社の余剰資金を株主へ返還したり，税制上の優遇措置を受けるために行われることもありますが，多くの場合は累積した損失の補てんに利用されます。たとえば，資本金100万円を取り崩して，繰越損失70万円を補てんするとします。このとき資本金の減少額100万円が繰越損失70万円と相殺されたのち，30万円が残ります。この残額30万円が資本金減少差益です。この差額30万円は過去に株主から払い込まれた資金（資本金）の一部です。会社法はこれを「**その他資本剰余金**」の1項目として扱うことを認めています。また，これと同様に扱われるのが自己株式処分差益です。たとえば，過去に発行した自社の株式（自己株式）を400万円で買い戻したのち，これを600万円で再び売りに出したとしましょう。このときの差額200万円が自己株式処分差益です。この差額200万円も，株主から払い込まれた金額の一部です。自己株式処分差益も「その他資本剰余金」の1項目として扱われます。

（3）利益剰余金

　株主資本のうち，資本金と資本剰余金を除く残りの部分は留保利益です。留保利益は，会社が過去に獲得した利益のうち，株主へ分配されずに社内に留保されている部分です。貸借対照表では利益剰余金として表示されます。利益剰余金は，「利益準備金」と「その他利益剰余金」に区分されます。

　損益計算書で算定された当期純利益は，株主資本の増殖分として，払込資本（資本金・資本剰余金）とは区別して，いったん繰越利益剰余金に含められます。株式会社の場合，獲得した利益の最終的な処分は株主総会で決定されます。その決定のときまで繰り越される利益ということで，繰

越利益剰余金とよばれます。通常，利益の分配として実施される株主への配当は繰越利益剰余金から行われます。会社法は，株主への現金配当など会社財産の社外流出をともなう利益の処分が行われる場合，その10分の1の額を「**利益準備金**」として社内に積み立てるべきことを要求しています。この積立ては，資本準備金と利益準備金の合計額が資本金の4分の1に達するまで続けなければなりません。資本準備金と同様，利益準備金も会社法の定めによって積立てが強制される法定準備金です。

　また，配当以外の繰越利益剰余金の処分として，会社が経営上の必要のために自らの判断で積立てを行うことがあります。これを任意積立金といいます。図表7-4で例示した江崎グリコ株式会社の場合，法人税の減額を受ける目的で設定された固定資産圧縮積立金（6,071百万円）やオープンイノベーション促進税制積立金（349百万円），特に使途を明示しないで設定された別途積立金（128,893百万円）がそれです。任意積立金と繰越利益剰余金は，「**その他利益剰余金**」に含めて貸借対照表に表記されます。

　（4）自己株式

　株式会社が発行済みの自社株式を買い戻し，これを保有している場合のその株式を**自己株式**といいます。さきに説明した資本金や資本剰余金は，株主からの払込みであるため，株主資本を増加させる項目になります。これに対して，自己株式の取得は株主に対する払戻しであり，株主資本を減少させるものと考えられます。このため，決算日に自己株式を保有する場合，その自己株式は株主資本から控除する形式で表示されます。図表7-4で例示した江崎グリコ株式会社においても，保有する自己株式を「△13,806百万円」と表示しています。

5　まとめ

　本章では，貸借対照表の右側に表示される資金の調達源泉としての負債と純資産について学習しました。

　会社の所有主である株主から調達された資金は自己資本とよばれます。

返済の必要がなく，企業の盛衰と運命をともにします。株式の発行とひき
かえに株主から払い込まれた資金だけでなく，その資金を活用して獲得し
た利益の内部留保によって作り出した余剰資金も自己資本に含まれます。
自己資本の形で調達した資金は貸借対照表に純資産として計上されます。
株式会社の純資産は，株主に帰属する株主資本がその大部分を占めます。
株主資本は，株主からの払込資本を源泉とする資本金と資本剰余金，留保
利益である利益剰余金に分類して表示されます。

　他方，株主以外の他人から調達された資金は他人資本とよばれます。所
定の期限までに返済を必要とします。金融機関からの借入金や社債発行に
よって調達した資金は他人資本です。他人資本の形で調達した資金は貸借
対照表に負債として計上されます。負債は将来において企業の資産を減少
させるような経済的負担を意味します。負債には，営業上の未払代金や他
人資本による資金調達額などが含まれます。資金の源泉と使途の関係をよ
りいっそう明瞭に表示するため，貸借対照表では流動負債と固定負債に区
分して表示されます。負債の流動・固定項目への区別は正常営業循環基準
と1年基準（ワンイヤー・ルール）を併用して行われます。

Column　　**負債の範囲**

　負債に計上される項目の多くが法律上の債務であり，債務履行の期日（いつ）・相手方（だれに）・金額（いくら）がすでに確定している場合が多いことはさきに学習したとおりです。そのような債務は確定債務とよばれます。

　他方，債務履行の期日・相手方・金額のいずれかが未確定な債務であっても，負債に計上される項目があります。たとえば，退職金の支払義務がそれです。従業員の退職という事実の発生をもってはじめて確定する債務です。現時点では支払期日や金額は未確定なままです。しかし，退職金の支払義務は，企業が雇用契約にもとづいて負担するものであり，将来において現金支出などによる資産の減少をもたらすことが合理的に予想されます。貸借対照表において企業の財政状態を十分に表示するためには，こうした将来における条件付きの経済的負担についても負債として計上する必要があります。それらは条件付債務とよばれます。図表7－1で例示した江崎グリコ株式会社の負債項目のうち，役員賞与引当金（73百万円）と退職給付引当金（50百万円）がこれに該当します。

　さらに，法律上の債務ではありませんが，将来において資産の減少をもたらすことが現時点で合理的に予想されるような経済的負担が企業には存在しています。たとえば，将来に計画されている設備の点検や修繕がそうです。点検や修繕の実施は法律上の義務ではありません。しかし，企業にとって避けられない経済的負担であるならば，これも負債に含まれることになります。法律上の債務に該当しないこのような負債は，会計的負債とよばれることがあります。代表的なものに修繕引当金があります。

◉ 練習問題 ◉

1　次の文章の空欄に適当な語句を入れなさい。

　会社の所有主である株主から調達された資金は，将来的な返済を必要としないことから，［　①　］資本とよばれます。［　①　］資本の形で調達した資金は貸借対照表に［　②　］として計上されます。株式会社の［　②　］は，株主に帰属する［　③　］がその大部分を占めます。［　③　］は，株主からの払込資本を源泉とする［　④　］と［　⑤　］，留保利益である［　⑥　］に分類して表示されます。

　他方，株主以外の他人から調達された資金は，いずれ返済を必要とすることから，［　⑦　］資本とよばれます。金融機関からの借入金や社債発行によって調達した資金は［　⑦　］資本です。［　⑦　］資本の形で調達した資金は貸借対照表に［　⑧　］として計上されます。［　⑧　］は将来において企業の資産を減少させるような経済的負担を意味します。［　⑧　］には，営業上の未払代金や［　⑦　］資本による資金調達額などが含まれます。資金の源泉と使途の関係をよりいっそう明瞭に表示するため，貸借対照表では［　⑨　］と［　⑩　］に区分して表示されます。［　⑧　］の流動・固定項目への区別は［　⑪　］基準と［　⑫　］基準を併用して行われます。

（解答は212ページ）

【さらに学習を深めるための書籍】

①　谷武幸・桜井久勝・北川教央編著『1からの会計（第2版）』碩学舎，2021年

　経済社会における会計・会計情報の役割と仕組みについて，トピックやケースを示しながら解説する初学者向けのテキストです。会計数字を正確に

読み取るために必要な知識を身につけることができます。

② 桜井久勝『財務会計講義（第24版）』中央経済社，2023年

　　最新の会計基準や法令を積極的に取り上げ，最新の財務会計を多くの数値例と仕訳を用いて総合的かつ体系的に解説しています。さらに財務会計を深く学びたい人にぜひお薦めしたい1冊です。

第 **8** 章

収益と費用

1 はじめに

　企業の目的が利益の獲得にあり，会計が企業の経済活動を計数的に描写しようとするものであるかぎり，企業会計の中心的課題は利益計算にあるといえます。

　企業が獲得した利益は，収益から費用を差し引いて算定されます。この方法による利益計算は，損益法とよばれます。もし「収益＞費用」であれば，その差額は当期純利益として計算され，逆に「収益＜費用」であれば，両者の差額は当期純損失となります。利益計算のプロセスが損益計算書に表示されることは，第4章で学習したとおりです。

　損益法で利益を計算する場合には，収益や費用の意味をよく理解しておくことが重要です。収益や費用をどのように捉えるかによって，算定される利益の意味する内容がまったく異なってくるからです。損益法では，［収益－費用＝利益］となるので，収益が利益にプラスとなる要素であるのに対し，費用はマイナスとなる要素であることは直感的にイメージできるでしょう。しかし，この程度の理解だけでは，損益計算書が示す内容を正確に読み取ることはできません。

　本章では，会計における収益と費用の意味を説明したうえで，企業が営む経済活動のなかで，収益と費用がどのように把握され，金額的に表現されていくのかを解説します。

2 収益の認識と測定

2-1 収益とは

　企業の経済活動は多岐にわたりますが，その中心は日常的な営業活動です。たとえば，製造業を営む企業では，原材料を購入し，これを製造工程へ投入して機械装置や労働力などの生産手段を使って製品をつくり，できあがった製品を販売して，売上代金を回収するという活動が繰り返し行われています。

　企業の経済活動における［原材料の仕入れ→製品の生産→製品の販売→代金の回収］という一連の流れを営業循環といいます。商業を営む企業の場合，他社から仕入れた商品がそのまま顧客に販売されるため，生産のプロセスはありません。営業循環の最後で回収された代金は再び原材料や商品の仕入れなどに充当され，営業循環が繰り返されていきます。

　この営業循環の過程で企業に流入した経済的な価値を**収益**といいます。収益は経営活動によって達成された成果を意味します。多くの場合，資産の増加や負債の減少にともなって生じます。

　ところで，「収益」と類似する用語に，「収入」という言葉があります。収入とは現金の流入を指します。会計の世界では，収益と収入は明確に区別されなければなりません。たとえば，銀行からの資金の借入れや預金の引出しを考えてください。どちらの場合も現金収入をもたらしますが，これを収益という人はおそらくいないでしょう。借金が収益となるのはおかしいと感じるはずです。収益と収入は同義ではありません。

　かりに，収入の源泉を商品の販売に限定したとしても，収益と収入は発生時点の違いから明確に区別されます。商品の販売形態はさまざまですが，もっとも一般的なのは現金販売と掛売りです。現金販売では，商品の引渡しと同時に，販売の成果として現金を受け取るので，このときはたしかに収入＝収益となります。他方，掛売りの場合は，商品だけが先に引き渡され，代金の受取り（現金収入）は後日になります。ただし，販売と同時に

売掛金とよばれる債権が発生します。売掛金の発生は販売の成果を意味するので，掛売りのケースでは現金収入よりも前に収益が生じることになります。現金収入は優れて客観的な事実ではありますが，必ずしも営業活動の成果たる収益の発生を示すものではないことに注意しなければなりません。

2-2　収益の実現

　企業が解散を前提とせず半永久的に経営活動を続けていくかぎり，企業の会計は人為的に期間を区切って利益を測定せざるをえません。［収益－費用］の計算式に従い，損益計算書上で当期の利益額を算定するためには，まずは当期の損益計算書に計上すべき個々の収益を特定する必要があります。この判断は，営業循環内（①原材料の仕入れ→②製品の生産→③製品の販売→④代金の回収）のどのタイミングで収益の発生を認識するかによって決まってきます。このうち，原材料の仕入れは企業に新たな経済的価値をもたらすものではないことから，収益計上のタイミングとして考える必要はないでしょう。収益計上時点の候補として考えられるのは，生産時点，販売時点，代金回収時点の3つです。

　製造業では，原材料が製造工程に投入され，加工作業が進むにつれて，製品としての価値が徐々に形成されていきます。この事実を忠実に描写するならば，生産プロセスの進行に応じて，その価値増加に見合う収益を計上すべきであろうと考えられます。このような考え方を**生産基準**といいます。顧客が特定され，取引価格も前もって確定している受注生産であれば，生産基準による収益計上も可能でしょう。しかし，通常の見込み生産の場合，生産が完了しても完成品の全部が予定した価格で必ず販売できるとは限りません。生産の途中や完了時点で収益を計上しようとすれば，その収益の額は，たぶん売れるだろうという主観的な販売見込みによる不確実なものにならざるをえません。

　ならば，売上代金の回収時点で収益を計上するという考え方はどうで

しょうか。製品を引き渡し，売上代金も回収済みです。さきの生産基準に
みられるような収益の不確実性は解消されるでしょう。とくに代金の回収
が長期にわたる分割払いの販売取引となれば，代金回収上のリスクが高く，
販売以外に代金の回収にも相当の努力を要します。販売が成立してもなお
収益が不確実な状態にあるならば，実際に代金が回収されるのを待って収
益を計上したほうがよいでしょう。このような考え方は**回収基準**とよばれ
ます。しかし，売上代金の回収を待って収益を計上するとなれば，収益の
計上が不必要に遅らされるという別の問題が出てきます。

　収益の獲得がより確実かつ客観的なものになるのは販売時点です。多く
の企業にとってもっとも重要な活動は，販売取引を成立させて顧客へ製品
やサービスを引き渡すことです。なぜなら，販売の成功は，企業の生み出
した価値が市場で受け入れられたことを意味するからです。販売に比べれ
ば，売上代金の回収は付随的な業務にすぎません。このように考えるなら
ば，製品やサービスの販売時点で収益を計上するのがもっとも合理的とい
えます。

　販売時点では，①製品やサービスが顧客へ引き渡され，②販売の対価と
して現金や売掛金などを受け取ります。①は顧客の特定を意味し，②は取
引価格の確定を意味します。これにより，確実かつ客観的な収益の計上が
可能になります。くわえて，現金や売掛金などの受取りは株式配当金や法
人税等の税金を支払う場合の資金的な裏づけにもなります。このように，
製品やサービスが実際に市場で販売された時点で収益を計上しようとする
考え方を**実現原則**（または**実現主義の原則**）といいます。販売という事実
をもって，一連の営業活動の成果が達成され，売上収益が**実現**したとみな
します。実現原則は販売という事実を重視していることから，**販売基準**と
もよばれます。

2-3　収益認識のための５つのステップ

さきに説明した３つのありうべき収益認識基準がどのように適用される

かを，簡単な取引例を用いてみていくことにしましょう。最新の会計ルールのもとでは，損益計算書の冒頭に表示される売上高や営業収益は，企業が顧客との契約において，財やサービスを顧客に移転する約束（これを履<ruby>行義務<rt>こうぎむ</rt></ruby>といいます）を果たしたときに，それと交換に企業が得ると見込まれる対価の額をもって計上されます。この基本原則にしたがって収益を計上するために，次の5つのステップが適用されます。①顧客との契約の識別，②契約に含まれる履行義務の識別，③取引価格の算定，④履行義務への取引価格の配分，および⑤履行義務の充足にもとづく収益の認識がそれです。

　たとえば，当期首に，標準的な製品Xの販売と2年間の保守点検サービスを提供する契約を顧客との間で締結したとします。顧客への製品Xの引渡しは当期首に完了しています。保守点検サービスは当期首から翌期末まで行われます。契約書に記載された対価の額は12,000千円です。

　この取引では，①企業と顧客との合意が契約として識別され，②製品Xの販売と保守点検サービスの提供の2つが顧客との契約に含まれる履行義務として識別されます。それぞれが収益認識の単位とされます。次に，③取引価格を算定します。取引価格とは，財やサービスの顧客への移転と交換に，企業が権利を得ると見込む対価の額をいいます。対価となる取引価格は契約書に記載のとおり総額で12,000千円ですが，製品Xの販売だけを行う場合の取引価格は10,000千円，2年間の保守点検サービスだけを提供する場合の取引価格は5,000千円です。④収益の額は取引価格にもとづいて測定します。取引価格が複数の履行義務に対するものである場合には，それぞれの履行義務を独立に販売する場合の取引価格の比率にもとづき，取引価格をそれぞれの履行義務へ配分します。製品Xの販売分は8,000千円（＝12,000千円×10,000千円／（10,000千円＋5,000千円）），2年間の保守点検サービスの提供分は4,000千円（＝12,000千円×5,000千円／（10,000千円＋5,000千円））になります。最後に，⑤履行義務の充足にもとづいて収益を計上します。**履行義務の充足**とは，約束した財やサービスに対する支

配が企業から顧客に移転することをいいます。製品Xの販売のように，一時点で履行義務を充足する取引については販売基準が適用されます。製品Xを引き渡した時点で8,000千円の売上高が計上されます。一方，保守点検サービスの提供のように，一定期間にわたり継続的に履行義務を充足していく取引については生産基準の適用が求められます。当期と翌期の2年間にわたり2,000千円ずつ（＝4,000千円÷2年）収益が計上されます。回収基準による収益計上は，履行義務の充足時期から大きく遅れて収益を計上することになるため認められていません。

3 費用の認識と測定

3-1 費用とは

　経営活動の成果たる収益を獲得するために，企業は相当の努力を費やしています。会計の世界では，収益獲得のために費やされた努力のことを費用といいます。**費用**は，収益を獲得する過程で消費されて企業から流出した経済的な価値を意味します。原則として，資産の減少や負債の増加にともなって生じます。

　「費用」という言葉は，会計の世界にかぎらず，私たちの日常生活のなかでもよく耳にします。多くの場合，そこでの費用は現金の支出という意味で使われています。たとえば，大学生のみなさんであれば，「コンパの費用」がそうでしょう。ここでいう費用は，居酒屋などのお店に支払った代金（現金支出）を指しています。ほかにも，費用と支出が同じ意味で理解されているケースがたくさんあるはずです。

　しかしながら，収益と収入がそうであったように，費用と支出についても，会計上は明確に区別されなければなりません。なぜなら，すべての支出が費用になるわけではないからです。もし，支出のすべてが費用になるならば，現金が流出する資金の貸付けや銀行への預金なども費用になってしまいます。たしかに，支出の多くは費用の発生と深く関係していますが，現金の支出それ自体は費用ではありません。営業活動のなかで消費された

財貨やサービスなどの経済的価値が費用なのです。

3-2 費用の発生

　収益と同様に，費用についても，当期の損益計算書に計上すべき個々の費用を特定する必要があります。どのタイミングで費用の発生を認識するかを考えなければなりません。多くの場合，費用は支出をともないます。これに着目すれば，現金の支出という事実が費用計上時点の候補として考えられます。しかし，費用の認識において，支出の有無は重要な事実ではありません。さきに説明したように，すべての支出が費用になるとはかぎらないからです。

　費用は，営業活動を通じて消費された経済的価値を金額的に表現したものです。この定義からすると，費用の認識は，現金支出のタイミングとは無関係に，営業活動の過程で収益獲得のために財貨やサービスを消費した事実にもとづいて行うのが適切であると考えられます。このような考え方を**発生原則**（または**発生主義の原則**）といいます。費用の認識は発生原則に従います。発生原則による費用の認識では，財貨やサービスといった経済的価値を消費したという事実が重要になります。

　商品の販売取引では，仕入れた商品のうち，販売によって払い出された部分だけが売上原価として費用に計上されます。工場や機械装置などの設備も，生産活動で使用するにともなって経済的価値が徐々に消費されていくことを反映して，減価償却が行われ，減価償却費とよばれる費用が計上されます。どちらも発生原則を適用した結果です。また，発生原則によれば，資金の借入れや建物の賃借などのサービスの提供を継続的に受けているが，いまだ代価の支払いが済んでいない場合でも，すでにサービスを消費したという事実があるので，利息や家賃の未払分が費用として計上されることになります。交通費や通信費などは，支払いと同時に費用処理されるのが通常です。一見すると，支出にもとづいて費用を計上しているようにみえますが，そうではありません。交通や通信のサービスを購入してす

ぐに消費したと考え，発生原則に従った会計処理を行っているのです。

3-3 費用収益対応の原則

　営業活動の過程で財貨やサービスが消費されると，発生原則に従い，消費によって減少した経済的価値が費用として認識されます。ただし，発生原則によって認識された費用（以下，発生費用といいます）のすべてが，必ずしも当期の損益計算書に計上される費用（以下，期間費用といいます）になるとはかぎりません。発生費用が損益計算書にたどりつくまでには，さらに費用収益対応の原則とよばれるフィルターを通過してこなければなりません。

　たとえば，メーカーといわれる会社の工場では，購入してきた原材料が製造工程に投入されると，材料費とよばれる費用が発生します。この材料費は発生原則によって認識されたものです。この時点で，工場で管理する帳簿には材料費の発生が記録されますが，会社の損益計算書への計上はもう少しあとになります。材料費は工員の人件費やその他の製造経費とともに，製品の製造原価を構成します。製造原価に含まれる材料費が期間費用になるのは，製品が販売されたときです。すなわち，製造原価に含まれる材料費のうち，販売された製品に対応する部分が製品の売上原価に含められて損益計算書に計上されます。

　各期の経営成績をより適切に測定するためには，営業活動の成果を表す収益と，それを得るために費やした努力たる費用を厳密に対応づけて利益計算を行う必要があります。そのような利益計算の基礎をなすのが**費用収益対応の原則**です。

　利益計算では，当期に実現した収益をまず確定し，その収益との対応関係にもとづいて当期の費用を決定していきます。収益から控除すべき当期の費用は，成果たる収益を獲得するために費やされたものに限定されなければなりません。まずは発生原則によって費用の発生を認識し，次に費用収益対応の原則によって，発生費用のうち当期の収益獲得に貢献した部分

を把握します。このような段階をへて，損益計算書に計上すべき当期の費用が決定されていきます（図表8−1を参照）。

　収益と費用を対応づける方法としては，次の2つの考え方があります。第1は，製品の売上高と売上原価のように，特定のモノを媒介として，収益と費用の対応関係を直接的にとらえる方法です。これを**個別的対応**といいます。しかし，多くの費用項目は収益との個別的な対応関係を特定することは困難です。製品の売上高と販売員の給料を思い浮かべてください。販売員へ支払った給料のうち，いくらが売上収益の獲得に貢献したかを直接的に特定するのは不可能です。このような場合は，同一期間に計上された売上高と販売員の給料はその期間の営業活動を通じて対応していると理解します。会計期間を媒介として，収益と費用の対応関係を間接的にとらえていく方法を**期間的対応**といいます。

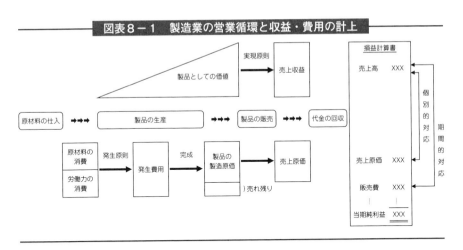

図表8−1　製造業の営業循環と収益・費用の計上

3-4　費用の測定

　発生原則と費用収益対応の原則に従って，損益計算書に計上すべき当期の費用を特定したならば，次にその金額をいくらにするか決めなければなりません。費用の測定です。

　現金収入がそうであったように，現金支出も費用の認識時点を決定する

基準とはなりませんが，費用の測定基準として重要な意味をもっています。すなわち，会計では財貨やサービスの消費された部分に対する支出額にもとづいて費用の金額を決定します。ここでの支出は現在の現金支出だけに限定されません。過去や将来の現金支出をも含みます。たとえば，数年前に取得した設備の減価償却費の金額は，その取得時の支出額にもとづいて算定されます。また，当期に掛けで仕入れた商品を販売したときの売上原価は，買掛金が決済される将来の支出額にもとづいて計上されます。

4 まとめ

　本章では，利益の計算要素である収益と費用が，企業活動のなかでどのように把握され，金額的に表現されていくのかを解説しました。

　収益は，企業の経営活動によって達成された成果を金額的に表現したものです。売上高などの収益は，契約上の履行義務を充足したときに，それと交換に企業が得ると見込まれる対価の額をもって計上されます。一時点で履行義務を充足する取引では，販売基準の適用によって収益が計上されます。一定期間にわたり継続的に履行義務を充足していく取引では，生産基準の適用によって収益が計上されます。

　費用は，経営活動の成果たる収益を獲得するために費やされた努力を金額的に表現したものです。費用の発生は発生原則にもとづいて認識されたのち，費用収益対応の原則によって，当期の収益から差し引かれる当期の費用が決定されます。費用の額は，過去・現在・将来の支出額にもとづいて測定されます。

| Column | **未実現収益の認識** |

　損益計算書において算定される当期純利益は，企業が市場取引を通じて達成した成果を集計したものです。これに従い，今日の損益計算において，売上収益の発生は販売という事実の達成によって認識されます。このことはさきに学習したとおりですが，裏を返せば，顧客への製品やサービスの引渡しが完了しないかぎり収益を計上しない，つまり未実現の収益は認識しないことを意味します。ただし，いまだ市場取引を経ていない未確定な成果が収益として計上されるケースもあります。

　たとえば，短期の利殖目的（時価の変動から売買差益を得る目的）で保有する株式や債券などの値上がり益がそれです。売却のための引渡しが行われていなくても，保有する株式等の時価が上昇しただけで，その値上がり分は当期の収益として認識されます。このような会計処理が正当化されるのは，企業が事業の遂行に影響することなく，いつでも市場価格で自由に売却して，値上がり分を収益として実現させることができるからです。こうした取扱いも実現原則（実現主義の原則）の延長線上にあります。

● 練習問題 ●

1 次の文章の空欄に適当な語句を入れなさい。

1．各期の利益額は，[①] から [②] を差し引いて計算されます。[①] は，企業の経営活動によって達成された [③] であり，[②] は，その [③] たる [①] を獲得するのに費やした [④] を意味します。

2．売上高などの収益は，契約上の [⑤] を充足したときに，それと交換に企業が得ると見込まれる対価の額をもって計上されます。一時点で履行義務を充足する取引には，[⑥] 基準を適用して収益を計上します。一定期間にわたり継続的に履行義務を充足していく取引には，[⑦] 基準を適用して収益を計上します。[⑧] 基準による収益計上は，履行義務の充足時期から大きく遅れて収益を計上することになるため認められていません。

3．他方，売上原価や販売費などの費用は [⑨] 原則にもとづいて認識されたのち，[⑩] の原則によって，当期の収益から差し引かれる当期の費用が決定されます。費用の額は，過去・現在・将来の [⑪] にもとづいて測定されます。

（解答は213ページ）

【さらに学習を深めるための書籍】

① 桜井久勝・須田一幸『財務会計・入門（第16版）』有斐閣アルマ，2023年
　企業が営む主要な経済活動に焦点を当てながら，財務会計の基本的な考え方とプロセス，さらには財務会計が描き出す会計情報の活用法をやさしく解説しています。これから財務会計を学び始める人に最適な入門書です。

② 伊藤邦雄『新・現代会計入門（第5版）』日本経済新聞出版社，2022年

　現在の会計基準や制度を，理論や歴史的背景，実務事例をまじえながら体系的に解説しています。また，本書では企業の会計行動や会計現象にも焦点が当てられており，会計基準や制度が企業活動に与える影響についての理解も深まります。

第 **9** 章

キャッシュ・フロー計算書の読み方

1 はじめに

　キャッシュ・フロー計算書は，企業の一会計期間における資金の流れ（キャッシュ・フロー）を表示する会計書類です。ある期間に，どのような原因で，どれだけの資金の流入（キャッシュ・インフロー）や流出（キャッシュ・アウトフロー）があったかを詳細に示します。

　製造業を営む企業では，資金を使って原材料などを仕入れ，製品やサービスを生産し，製品やサービスの販売を通じて，使った資金を回収します。回収された資金はふたたび仕入活動や生産活動に投入されます。このように企業の事業活動を循環していく資金は，人間の身体にたとえるならば，体内を流れる血液といえるでしょう。酸素や栄養を運ぶ血液が体内をうまく回らなくなると，人間は生命の危機に陥ってしまいます。企業も同じです。資金がうまく循環しなくなると，倒産の危機に陥ってしまいます。

　しかし，貸借対照表や損益計算書だけでは資金の流れを正確につかむことはできません。資金の流れに関する情報を提供してくれるのはキャッシュ・フロー計算書です。キャッシュ・フロー計算書は，貸借対照表や損益計算書とともに，主要な財務諸表の1つとして位置づけられています。わが国の金融商品取引法は，この法律にもとづく開示制度の適用を受ける企業に対して，キャッシュ・フロー計算書を作成し公表することを義務づけています。

　本章では，キャッシュ・フロー計算書の仕組みと読み方について説明します。

2　キャッシュ・フロー計算書の位置づけと仕組み

　キャッシュ・フロー計算書の読み方を具体的に学習する前に，まずは簡単な設例を用いて，貸借対照表や損益計算書との関係におけるキャッシュ・フロー計算書の位置づけと仕組みについて確認しておきましょう。

　当期首において資本金1,000万円と同額の現金を保有する当社が，当期中に行った取引は以下のとおりである。

①銀行から600万円の現金を借り入れた。

②現金800万円を支払って店舗を購入した。

③現金500万円を支払って商品を仕入れた。

④仕入れた商品のうち400万円分を売価700万円の掛けで販売した。

⑤店舗の減価償却費40万円を計上した。

---

　①〜⑤の取引を基礎として，キャッシュ・フロー計算書と貸借対照表・損益計算書との関係を示せば，図表9−1のとおりです。キャッシュは現金のみと仮定します。

　キャッシュ・フロー計算書では，活動区分ごとに収入と支出が集計され報告されます。銀行からの借入れは資金調達のために行われる取引であり，財務活動に分類されます。①銀行からの借入金収入600万円は財務活動の区分に計上されます。店舗の購入は，設備投資として行われる取引ですから，投資活動に分類されます。②店舗購入にともなう現金支出800万円は投資活動の区分に計上されます。商品の売買は企業の主たる営業活動です。③商品仕入れにともなう現金支出500万円は営業活動の区分に表示されます。④商品販売も営業活動ですが，掛けによる販売のため，売上にかかる現金収入はゼロと報告されます。⑤減価償却費の計上は現金支出をともなわないため，直接法とよばれる表示方法を採用するキャッシュ・フロー計算書には記載されません（直接法については後ほど説明します）。これら3つの活動区分の収支尻を合算すると，当期中のキャッシュの増減として

は700万円の減少であることが示されます。

　貸借対照表との関係では，キャッシュ・フロー計算書は，貸借対照表に記載される現金が期首残高1,000万円から期末残高300万円へと変動した原因を説明しています。他方，損益計算書との関係では，間接法とよばれる表示方法にもとづいてキャッシュ・フロー計算書を作成する場合に，その冒頭に記載される項目は損益計算書の税引前当期純利益からスタートします（間接法については後ほど説明します）。

図表9-1　キャッシュ・フロー計算書と貸借対照表・損益計算書との関係

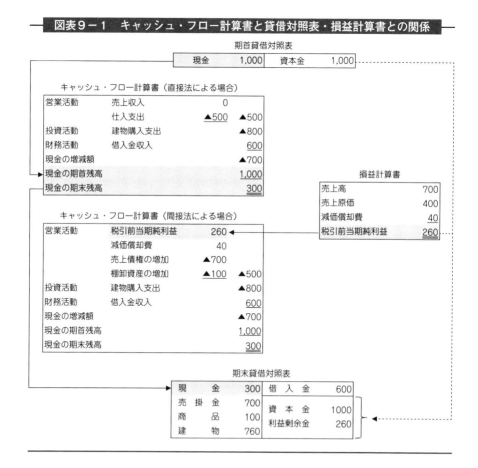

3　キャッシュ・フロー情報の役立ち

3-1　利益の品質を評価するための情報

　損益計算書は企業の経営成績を知るうえでの重要な書類になります。第11章で学習しますが，企業の収益力（利益を生み出す力）を評価するにあたっては損益計算書の利益額が用いられます。このとき，損益計算書の利益が示す意味については少し注意する必要があります。たとえば，損益計算書に1億円の当期純利益が計上されたとしましょう。すると，「手元の現金も1億円増えた」とついつい思ってしまいがちです。しかし，そうではありません。損益計算書に利益が計上されても，それと同額だけの現金が増えたわけではないのです。このことはさきの設例でも示しています。図表9－1をもう一度みてください。260万円の利益があがっていますが，現金はトータルで700万円の減少です。増えるどころか，減っています。理由は簡単です。収益・費用が損益計算書に計上されるタイミングと，現金の収入・支出のタイミングにズレがあるからです。商品を掛けで販売したまま代金が未回収であっても，損益計算書には売上による利益が計上されますが，売上代金を回収するまでは現金は増えません。このズレが大きくなると，「黒字倒産」や「勘定合って，銭足らず」という言葉に象徴されるように，損益計算書に利益があがっていても，債務の支払いにあてる手元の資金が足りなくなって営業不能に陥ってしまうことがあります。

　その会社の業績は順調であるかどうか。まずは損益計算書の利益額に注目していくことになるでしょう。このとき，損益計算書の利益額は同じでも，売上代金が未回収のままで現金が増えていないA社と，すでに売上代金が回収されて現金が増えているB社では，B社のほうが業績は良好であると判断すべきです。キャッシュ・フロー計算書は，利益額にどの程度の資金的な裏づけがあるか，利益の品質を評価するための情報として利用されます。代金が回収済みになって資金的な裏づけのある利益のほうが，利益の品質は高いと評価されます。

3-2 企業の安全性を評価するための情報

　キャッシュ・フロー計算書は，企業の安全性の評価にも活用されます。企業の安全性とは，資金の源泉と使途のバランスや資金繰りが健全であり，債務不履行などのかたちで倒産する危険がないことをいいます。売上代金が未回収のままいつまでも放置されていると，手元の現金は減っていくばかりです。この状態が長く続けば，資金繰りに困難が生じてしまい，企業は倒産の危機に直面することになります。企業が仕入代金や借入金などの債務を期日までに返済して存続できるかどうかは，最終的には資金繰りに依存します。企業の安全性が確保されるためには，少なくとも長期的には収入額が支出額を上回っている状態でなければなりません。そのような資金の流れに関する情報は，キャッシュ・フロー計算書から得ることができます。

4　キャッシュの範囲

　一般に，英語で「cash（キャッシュ）」といえば現金のことを指します。しかし，キャッシュ・フロー計算書が対象とするキャッシュの範囲は「**現金及び現金同等物**」とされ，現金以外のものも含まれます。日常的にいう現金よりも意味が広いことに留意しなければなりません。

　ここで「現金」とは，手許の現金と要求払預金をいいます。要求払預金は，預入期間の定めがなく，預金者がいつでも払戻しを要求できる預金です。たとえば，当座預金，普通預金，通知預金などが含まれます。「現金同等物」とは，容易に換金可能であり，かつ，価値の変動について僅少なリスクしか負わない短期投資をいいます。たとえば，取得日から満期日または償還日までの期間が3か月以内の定期預金，譲渡性預金，コマーシャル・ペーパーなどが含まれます。市場性のある株式等の有価証券は，容易に換金可能であっても，価格変動リスクが高いため，キャッシュの範囲からは除かれます。

5　キャッシュ・フロー計算書の表示様式

5-1　キャッシュ・フローの区分表示

　キャッシュ・フロー計算書は，キャッシュの期首残高が期中の変動を経て期末残高に至るプロセスを明らかにするものです。キャッシュ・フローが発生する原因は多岐にわたります。キャッシュ・フロー計算書では，企業が営む経済活動を大きく①営業活動，②投資活動，③財務活動の３つに区分したうえで，それぞれの活動ごとにキャッシュ・フローが計算される仕組みになっています。期中におけるキャッシュの変動をより明瞭に表示するための工夫です。

　図表９−２では江崎グリコ株式会社の連結キャッシュ・フロー計算書（一部抜粋）を例示しています。そこでは，営業活動によるキャッシュ・フローが16,802百万円，投資活動によるキャッシュ・フローが△20,140百万円，財務活動によるキャッシュ・フローが△10,284百万円と計算・表示されています（△は支出超過を意味します）。３つの活動を総合すると，１年間で13,622百万円のキャッシュ減少となったことがわかります。なお，外国通貨等の評価額が円安により日本円への換算額でみたときに4,076百万円増加したことが，「現金及び現金同等物に係る換算差額」欄で確認できます。この分がプラスされ，最終的なキャッシュの純増減としては9,546百万円の減少となったことが示されています。

図表９－２　江崎グリコ株式会社の連結キャッシュ・フロー計算書（一部抜粋）

（単位：百万円）

	前連結会計年度 （自 2021年 1 月 1 日 至 2021年12月31日）	当連結会計年度 （自 2022年 1 月 1 日 至 2022年12月31日）
営業活動によるキャッシュ・フロー		
税金等調整前当期純利益	20,806	13,936
減価償却費	14,249	13,896
…………	⋮	⋮
受取利息及び受取配当金	△980	△1,208
支払利息	37	96
…………	⋮	⋮
売上債権の増減額（△は増加）	1,566	△1,285
棚卸資産の増減額（△は増加）	1,034	△4,084
仕入債務の増減額（△は減少）	△765	3,271
…………	⋮	⋮
小計	37,372	23,354
法人税等の支払額	△8,720	△6,551
営業活動によるキャッシュ・フロー	28,651	16,802
投資活動によるキャッシュ・フロー		
定期預金の預入による支出	△10,403	△6,667
定期預金の払戻による収入	5,000	7,796
投資有価証券の取得による支出	△3,853	△2,753
投資有価証券の売却及び償還による収入	839	5,516
…………	⋮	⋮
有形固定資産の取得による支出	△16,554	△18,385
有形固定資産の売却による収入	801	44
無形固定資産の取得による支出	△7,210	△7,312
…………	⋮	⋮
貸付金の回収による収入	32	13
利息及び配当金の受取額	1,011	1,219
その他	△81	△118
投資活動によるキャッシュ・フロー	△29,194	△20,140
財務活動によるキャッシュ・フロー		
長期借入金の返済による支出	△268	△309

利息の支払額	△37	△96
配当金の支払額	△4,545	△4,816
……………	⋮	⋮
自己株式の取得による支出	△7	△5,002
……………	⋮	⋮
財務活動によるキャッシュ・フロー	△4,859	△10,284
現金及び現金同等物に係る換算差額	2,416	4,076
現金及び現金同等物の増減額（△は減少）	△2,986	△9,546
現金及び現金同等物の期首残高	92,449	89,463
現金及び現金同等物の期末残高	89,463	79,917

（出所）江崎グリコ株式会社「第118期有価証券報告書」より一部抜粋

5-2　営業活動によるキャッシュ・フロー

　「**営業活動によるキャッシュ・フロー**」の区分では，企業の本業たる営業取引に関連するキャッシュの増減が示されます。たとえば，商品やサービスの販売による収入，商品や原材料の仕入れにともなう支出，従業員や役員への報酬の支払いにともなう支出，その他営業費用の支払いにともなう支出などが表示されます。また，投資活動や財務活動には含まれない取引によるキャッシュの増減（災害による保険金収入や法人税等の支払いなど）もこの区分に含まれます。

　営業活動によるキャッシュ・フローの表示方法には2つの方法があります。直接法と間接法です。図表9-3では，それぞれの方法で営業活動によるキャッシュ・フローを表示する場合の標準的な様式を示しています。「小計」欄より上の部分に注目してください。記載される情報の内容が大きく異なります。

図表9-3　営業活動によるキャッシュ・フローの表示

【直接法】による表示	
営業活動によるキャッシュ・フロー	
営業収入	×××
原材料又は商品の仕入支出	▲×××
人件費支出	▲×××
その他の営業支出	▲×××
小計	×××
利息及び配当金の受取額	×××
利息の支払額	▲×××
…………	×××
法人税等の支払額	▲×××
営業活動によるキャッシュ・フロー	×××

【間接法】による表示	
営業活動によるキャッシュ・フロー	
税引前当期純利益	×××
減価償却費	×××
受取利息及び受取配当金	▲×××
支払利息	×××
有形固定資産売却益	▲×××
売上債権の増加額	▲×××
棚卸資産の減少額	×××
仕入債務の増加額	×××
…………	×××
小計	×××
利息及び配当金の受取額	×××
利息の支払額	▲×××
…………	×××
法人税等の支払額	▲×××
営業活動によるキャッシュ・フロー	×××

　直接法は，商品やサービスの販売，商品や原材料の仕入れ，営業費用の支払いなど，主要な取引ごとに収入額と支出額を表示する方法です。どのような取引からどれだけの収入や支出があったのか，期中におけるキャッシュの増減が直接的に明らかにされます。

　間接法は，損益計算書の税引前当期純利益からスタートして，これに所定の調整を加えて，営業活動によるキャッシュ・フローを表示する方法です。損益計算書に計上される当期純利益（収益・費用）とキャッシュ・フローで差異が生じている原因が明らかにされます。純利益は企業の経営活動の成果です。しかし，その金額すべてに資金的な裏づけがあるわけではありません。純利益の計算には，現金の収入や支出をともなわない収益・費用項目が含まれています。純利益の計算にはまだ含まれていませんが，

すでに現金の収入や支出があった営業取引項目もあります。これらを純利益に加減して，経常的な営業活動によるキャッシュの純増減額を算出しようとするのが，間接法の基本的な考え方です。初めて学習するみなさんには，難しく感じられるかもしれません。本書では，間接法についてのこれ以上の説明は必要ありません。ただし，次のことだけはおさえておきましょう。それは，「小計」が本来の営業活動（営業損益計算の対象となった取引）から生み出されたキャッシュ・フローの合計額を表しているということです。「小計」はおおむね，損益計算書の営業利益に対応する項目になります。図表9－2で例示した江崎グリコ株式会社の場合，損益計算書の連結営業利益が12,845百万円であるのに対して，「小計」の金額は23,354百万円です。同社の連結営業利益は資金的にも十分な裏づけをもった品質の高いものであるといえます。

　直接法と間接法のどちらの方法による場合でも，最終的に表示される営業活動によるキャッシュ・フローの金額は同じです。直接法と間接法はそれぞれに特有の長所を有しています。企業はどちらの方法を採用してもよいとされています。大多数の企業が間接法を採用しています。図表9－2で例示した江崎グリコ株式会社も，営業活動によるキャッシュ・フローの区分の最初に税金等調整前当期純利益の金額が記載されていることから，間接法を採用していることがわかります。

5-3　投資活動によるキャッシュ・フロー

　「投資活動によるキャッシュ・フロー」の区分では，営業能力を維持・拡張するための設備投資や，余剰資金の運用を目的とした証券投資や融資によるキャッシュの増減が示されます。たとえば，有形固定資産の購入による支出，有形固定資産の売却による収入，有価証券の購入による支出，有価証券の売却による収入，金銭の貸付けによる支出，貸付金の回収による収入などがあります。図表9－2に例示するように，投資活動によるキャッシュ・フローは主要な取引ごとに収入と支出が総額で表示されます。

5-4 財務活動によるキャッシュ・フロー

「**財務活動によるキャッシュ・フロー**」の区分では，資金の調達と返済にともなうキャッシュの増減が示されます。たとえば，株式の発行による収入，自己株式の取得による支出，社債の発行による収入，社債の償還による支出，金融機関からの借入れによる収入，借入金返済による支出などがあります。図表9−2に例示するように，財務活動によるキャッシュ・フローも主要な取引ごとに収入と支出が総額で表示されます。

6 キャッシュ・フロー情報の分析

キャッシュ・フロー計算書では，営業活動，投資活動，財務活動の区分ごとにキャッシュの増減額が示されます。資金繰りの観点から企業の経営状況を観察する場合には，どこからキャッシュが生み出され，それが何にどれだけ使われているか，キャッシュ・フローがどのように循環しているかをみることが重要です。

3つの活動別キャッシュ・フロー情報のなかでも，「営業活動によるキャッシュ・フロー」は最も重視すべき情報です。本業のキャッシュ創出能力の結果を示すからです。これがプラスの場合には，外部からの資金に大きく依存することなく，営業能力を維持・拡張するための投資を行い，債務を返済し，株主へ配当金を支払うための資金を創出できていると考えられます。事業を順調に進めていくためには，少なくとも営業活動によるキャッシュ・フローは基本的にプラスでなければなりません。図表9−2で例示した江崎グリコ株式会社も2期連続でプラスを維持しています。マイナスの場合には注意が必要です。すでに行われている投資を中止するか，もしくは外部から新たに資金を調達するなどしてマイナス分を穴埋めしなければ，キャッシュの残高は減少してしまいます。臨時的な理由から一時的にマイナスになることはあります。しかし，マイナスの状態が連続すると，やがて資金繰りが悪化し，事業の継続が困難となり，企業の存続が危ぶまれます。

　企業の将来的な存続や成長を支えるという意味では，企業の投資活動も営業活動とならんで重要な活動です。将来のキャッシュ・インフローを期待して，現時点においてキャッシュ・アウトフローをともなう意思決定を行うのが投資です。「投資活動によるキャッシュ・フロー」からは，将来のキャッシュ・インフローの獲得を期待して，これを意図した資源に対して，どの程度の資金が投入されたのかを知ることができます。とりわけ設備投資にかかるキャッシュ・フロー情報は重要です。生産能力の維持や増強，技術革新への対応などのために，多くの企業は設備投資に毎年多額の資金を投入しています。設備投資の成果として得られるキャッシュ・インフローは，最終的には，製品の販売やサービスの提供といった営業活動を通じて実現することになります。投資時点で期待していたキャッシュ・インフローの獲得がもはや困難であると判断されれば，投資からの撤退を迫られることになるでしょう。中古設備の売却収入は投資からの撤退を意味します。このときの売却収入も投資活動によるキャッシュ・フローに反映されますが，通常は少額にとどまります。設備投資には多額の資金を要することから，証券投資と融資の収支を加えても，投資活動によるキャッシュ・フローは全体としてマイナスになるのが一般的です。図表9-2で例示した江崎グリコ株式会社も，積極的な設備投資支出から，2期連続でマイナスになっています。

　しかしながら，企業が行う投資活動は常にリスクをともないます。投資活動の水準が極端に高い企業は，それ相応のリスクを抱えることになります。したがって，投資活動に必要とされるキャッシュは，できるかぎり営業活動で生み出されたキャッシュでまかなわれているのが望ましいとされています。投資活動によるキャッシュ・フローのマイナスが営業活動によるキャッシュ・フローのプラスによって完全にカバーできている状態がベストです。それが無理ならば，これまでに蓄積された資金で穴埋めするか，さもなければ外部からの新たな資金調達に頼らざるをえません。そのような状況にあるか否かは，「財務活動によるキャッシュ・フロー」の区分で

確認できます。図表9－2で例示した江崎グリコ株式会社の場合，投資活動によるキャッシュ・フローのマイナス分（△20,140百万円）のおよそ8割ほどを営業活動で創出したキャッシュ（16,802百万円）でカバーしています。同時に，財務活動によるキャッシュ・フローはマイナス（△10,284百万円）を示していることから，営業活動で創出したキャッシュでカバーできなかった投資活動によるキャッシュ・フローの残りのマイナス分については，これまでに蓄積してきた資金で穴埋めしていることがわかります。

　キャッシュ・フローの循環は，3つの活動別キャッシュの増減方向（プラス・マイナス）によって8つのパターンに分類することができます。図表9－4では，キャッシュの増減パターンから推測される会社の資金繰り状況を例示しています。キャッシュ・フローの循環パターンから会社の状況をおおまかにつかんだうえで，活動別キャッシュ・フローの内訳項目と金額に着目すれば，会社の具体的な活動や経営者の意思がみえてきます。図表9－2で例示した江崎グリコ株式会社の場合，2期連続で③のパターンにあることが観察されます。

図表9－4　キャッシュの増減パターンから読む企業の資金繰り状況

	営業活動による キャッシュ・フロー	投資活動による キャッシュ・フロー	財務活動による キャッシュ・フロー
①	－	－	＋
	本業でキャッシュを生み出せていませんが，将来のキャッシュ・インフローの獲得を期待して，投資活動へ資金を投入しています。その資金は借入れなどによって調達しています。企業の導入期にみられる傾向です。		
②	＋	－	＋
	本業で生み出したキャッシュ以上の投資を行うために，借入れなどによって資金を調達しています。将来の成長にむけて積極的な投資活動を行っています。企業の成長期にみられる傾向です。健全なキャッシュの増減パターンです。		
③	＋	－	－
	本業で生み出した潤沢なキャッシュを，将来における営業能力の維持・増強のために投資するとともに，借入金などの返済や配当金の支払いに充てています。業績が順調な成熟期にある企業にみられる傾向です。健全なキャッシュの増減パターンです。		

	−	−	−
④	本業でキャッシュを生み出せていないにもかかわらず，営業能力の維持のための投資と借入金などの返済を行っています。どちらも過去に蓄積したキャッシュの取崩しによっています。このままだと，キャッシュ残高は減少していく一方です。		
	+	+	+
⑤	本業でキャッシュを獲得するだけでなく，保有資産の売却による資金回収や借入れなどの資金調達によって，キャッシュ残高を積み上げています。将来に大きな投資を予定している企業や，事業の転換を図ろうとする企業にみられる傾向です。		
	+	+	−
⑥	本業で獲得したキャッシュと保有資産の売却によって回収したキャッシュを，借入金などの返済に充てています。負債（他人資本）を減らし財務体質の改善に取り組んでいる企業にみられる傾向です。		
	−	+	+
⑦	本業でのキャッシュの支出超過を，保有資産の売却によって回収したキャッシュと借入れなどによって調達したキャッシュでカバーしています。資金繰りが懸念される典型的なキャッシュの増減パターンです。このままだと，事業規模は徐々に縮小し，借入金の利息支払いや返済に支障が出てくるかもしれません。		
	−	+	−
⑧	保有資産の売却によって回収したキャッシュで，本業でのキャッシュの支出超過をカバーするとともに，借入金などの返済を行っています。これ以上の借入れなどによる資金調達は難しく，保有資産を切り売りしながら営業を継続している可能性があります。このままだと，事業規模は徐々に縮小し，資金繰りもさらに悪化していきます。		

7　まとめ

　本章では，キャッシュ・フロー計算書の読み方について解説してきました。キャッシュ・フロー計算書は，企業の一会計期間におけるキャッシュ・フローの状況を表示する会計書類です。キャッシュ・フローとは，資金の流入と流出を意味します。企業が期首時点で保有する資金額が期中の増減を経て期末の資金額にいたるプロセスを明らかにする書面として，貸借対照表や損益計算書と並ぶ主要な財務諸表の1つとして位置づけられ

ています。

　キャッシュ・フロー計算書では，キャッシュ・フローは営業活動，投資活動，財務活動という3つの活動区分ごとに表示されます。これによって，その事業年度においてどのような事業活動にどれだけの資金が投入され，どれだけの資金が回収されたのかを知ることができます。キャッシュ・フロー計算書を読み解くポイントは，どこからキャッシュが生み出され，それが何にどれだけ使われているか，キャッシュ・フローがどのように循環しているかをみることです。キャッシュの増減パターンから企業の状況をおおまかにつかんだうえで，活動別キャッシュ・フローの内訳項目と金額に着目すれば，企業の具体的な活動や経営者の意思がみえてきます。

| Column | **フリー・キャッシュ・フロー** |

　企業のキャッシュ・フロー分析でしばしば重視される指標の1つに，フリー・キャッシュ・フロー（FCF）があります。FCFとは，営業活動から獲得されるキャッシュ・フローから事業活動の継続に必要な投資を差し引いたのちに，企業が自由に使える金額として手元に残る資金額をいいます。FCFは，キャッシュ・フロー計算書の数値を用いて次のように計算されます。

> FCF＝営業活動によるキャッシュ・フロー
> 　　　＋投資活動によるキャッシュ・フロー

　FCFは，設備投資などの投資活動に必要な資金が，外部からの新たな資金調達に頼ることなく，営業活動によるキャッシュ・フローでまかなわれているかどうかを判定するための指標として用いられます。FCFがプラスの場合は，投資活動の資金が営業活動によるキャッシュ・フローでまかなわれていることを意味します。新たに外部資金を調達しなくても，安定した資金繰りのなかで，事業活動が継続可能な状態にあると考えられます。ただし，大きなプラスである場合には，有効利用されていない資金の存在を疑ってみる必要があります。

　他方，FCFがマイナスの場合は，営業活動によるキャッシュ・フローを上回る設備投資などが行われている状態にあります。キャッシュの水準を維持するためには，外部資金による補てんが必要となります。投資は将来の成長を支える重要な活動です。黒字経営でありながらFCFがマイナスであるときは将来への先行投資が存在することを意味します。必ずしも悪いことではありません。ただし，FCFが大きなマイナスである場合は，過剰投資になっていないかをチェックしてみる必要があるでしょう。

◉ 練習問題 ◉

1 次の文章の空欄に適当な語句を入れなさい。

1. キャッシュ・フロー計算書は，企業の一会計期間における [①] の状況を表示する会計書類です。損益計算書に計上された利益額にどの程度の [②] があるかという利益の [③] を評価したり，[④] が健全で債務不履行などのかたちで倒産する危険がないかどうかという企業の [⑤] を評価するための情報として活用されます。

2. キャッシュ・フロー計算書が対象とするキャッシュの範囲は，[⑥] とされ，現金以外のものも含まれます。キャッシュ・フロー計算書では，キャッシュ・フローは [⑦] 活動，[⑧] 活動，[⑨] 活動という3つの活動区分ごとに表示されます。[⑦] 活動によるキャッシュ・フローの表示方法には，2つの方法があります。主要な取引ごとに収入額と支出額を表示する [⑩] 法と，損益計算書の税引前当期純利益からスタートして，これに所定の調整を加えてキャッシュ・フローを表示する [⑪] 法です。投資活動によるキャッシュ・フローと財務活動によるキャッシュ・フローはどちらも [⑫] 法によって表示されます。

（解答は213ページ）

【さらに学習を深めるための書籍】

① 國貞克則『新版 財務3表一体理解法』朝日新聞出版，2021年

貸借対照表，損益計算書，キャッシュ・フロー計算書の「つながり」をわかりやすく解説しています。

② 桜井久勝『財務諸表分析（第8版）』中央経済社，2020年

キャッシュ・フロー計算書の読み方と，キャッシュ・フロー情報を企業の安全性や企業価値の評価に用いる方法について詳しく解説しています。

第**10**章

財務状態を読む

---

1 はじめに

　ここでは，お金の使い方と調達源泉を表す貸借対照表から，財務状態（企業の資金状態）がどうなっているかをみることで，企業がどんな状態にあるかを考える方法を解説します。

　一般的にはお金を貸す人がお金を貸すかどうかや，企業が取引相手としてふさわしいかどうかを決めるために，相手企業の財務状態をみます。しかしそれだけでなく，企業がどんな状態にあるかを知ることで，その企業の将来をある程度予想できます。たとえば，企業の将来をある程度予想できるようになると，就職や転職活動で自分が行きたい企業の今後を考えることができます。加えて，この予想により株式などの投資を行うことができるようになります。

　借入れの多い企業と借入れの少ない企業がある場合を考えてみましょう。借入れの多い企業には投資家や銀行はお金を貸しづらいですが，借入れの少ない企業には比較的お金を貸しやすいでしょう。また，これらの企業と取引を行う場合を考えてください。借入れの多い企業は借入れの少ない企業に比べて，取引を行った後しっかりと支払いをしてくれるか少し不安になると思います。

　このように相手の財務状態をみて取引を行うことが企業と投資家や企業と銀行の間では行われています。ここで重要になってくるのが**財務安定性**です。ここでは，企業の安定性を表す財務安定性をどのように計算するのか，そして計算された数字にどのような意味があるのかを解説します。

　財務安定性を知ることは，企業が倒産しやすいかどうかをみることにつながるため，先ほどの例のようにお金を貸してくれる銀行や投資家，取引相手にはとても重要な情報になります。ここでは財務状態を表す4つの指標を紹介します。

① 　負債比率
② 　自己資本比率
③ 　流動比率
④ 　当座比率

　1つ目の負債比率では，企業が持っている自己資本に対して，どれだけ負債があるかをみています。この指標では，負債と自己資本ではどちらのほうが大きいかがわかります。当然，負債は返済する必要のあるお金なので，企業が負債をきちんと返済できるかをみることは重要です。

　2つ目の自己資本比率では，企業の総資産に対してどれだけの自己資本があるかをみていきます。企業の総資産に対して自己資本が多ければ，返済する必要のない資本が多いことになります。企業にとって返済する必要のない資本が多いということは，単純に考えてそれだけ企業が自由に使えるお金が多くなるということです。そのため，企業が安定的に営業できるかどうかをみることができます。

　3つ目と4つ目の流動比率，当座比率は，短期間に返済する必要のあるお金を企業がきちんと返済できるのかをみています。もし，借り入れたお金を返済できなければ，企業はつぶれてしまいます。そのため，返済する期限が迫っている借入金を返済できるかどうかは企業の安定性をみるうえではとても重要になります。

　流動比率と当座比率は企業の短期的な財務安定性をみています。つまり，企業が短期的にお金を返すことができる，または安定的に営業できるかをみている指標です。これに対して，本書では詳しく紹介しませんが，長期

的な財務安定性をみている固定比率とよばれる指標があります。この指標
では，自己資本に対してどれだけの固定資産があるのかをみています。自
己資本は，他人資本とは違い返済する必要のない資本です。それに対して，
固定資産は企業が長期で持っていることが前提の資産になります。つまり，
長期にわたって価値を生み出す資産が，どれだけ自己資本によってまかな
われているのかをみていきます。これによって，長期的に資産を持ってお
くことができるかをみることができます。

　ここでは，企業の財務安定性を大雑把にとらえる指標といわれている負
債比率・自己資本比率と，企業の短期的な財務安定性をとらえる指標とい
われている流動比率・当座比率をさらに詳しく解説します。

2　負債比率

　まずは負債比率を紹介します。負債比率と自己資本比率は，企業の財務
状態を大雑把にとらえる指標で，次の式で表されます。

$$負債比率 = \frac{負債}{自己資本} \times 100 \ (\%)$$

　この式は企業が持っている負債を，どれだけ自己資本でまかなえている
のかを表しています。ここまでで学習したように，負債は他人資本，すな
わちお金を出した人が企業の持ち主以外の人であるお金です。それに対し
て自己資本はお金を出した人が企業の持ち主などの関係者であるお金です。
負債は，期限までに返済しなければ信用を失ってしまいます。負債比率で
は負債に対してどれだけ自己資本を持っているかを測っているので，企業
がしっかりと負債を返済できるかを測る指標になっています。

　負債比率は小さいほうが良い指標で，100%を下回っていたほうが良い
とされています。負債比率が100%を下回るということはお金を銀行など
から借りている額よりも，株主から受け取っている額のほうが多いという
ことです。したがって，借入金の返済に余裕がある企業とみなされ，今後，

お金を借りる必要がある時に借りやすくなるでしょう。

　たとえば，次のような企業を考えてください。企業Aはパソコンを売って利益を得ている企業です。企業Aはパソコンを販売する事業を始めるために，お金を借りて設備を整える必要がありました。そこで，銀行から200万円借り入れをし，株式によって400万円の資金を調達しました。この場合，企業Aの負債は200万円，自己資本は400万円になります。ここから負債比率を計算してみると200÷400×100=50（％）になります。このようにして負債比率を計算します。

　ではもう1つ，同じようにパソコンを売って利益を得ている企業があるとしましょう。こちらは企業Bとよばれています。ただし，企業Bは企業Aよりも店舗の規模が大きく，営業するためには企業Aよりもたくさんのお金が必要だったとします。企業Bは営業するための資金4,000万円を銀行から3,000万円，株式によって1,000万円調達しました。企業Bの負債比率を計算してみると3,000÷1,000×100=300（％）になります。

　これら2つの企業を考えてください。企業Aと企業B，どちらのほうが借入金を返済できそうでしょうか。この例では企業Aのほうが負債比率は低く，問題なく借入金を返済できそうです。

　では，さらに次の例を考えてみてください。両企業が新しくスマートフォンを販売して事業の拡大を狙おうとしています。そのために追加の資金が200万円必要になります。企業A，企業Bともに銀行から200万円を借りて，新たにスマートフォン事業を立ち上げようとしています。ここでみなさんが銀行員だった場合，両方の企業にお金を貸すでしょうか。それとも，どちらかの企業にだけお金を貸すでしょうか。また，自分が投資家で新たに企業AとBの株を買おうと考えているとき，みなさんはどちらの企業にどれだけ投資するでしょうか。

　負債比率の高い企業，つまりこの例の企業Bは企業の財務安定性が低く，資金調達の安全性も低いとみなされます。そのため，企業Bにお金を貸したいと思う人はそれほどいないでしょう。逆に企業Aは負債比率も低く，

資金調達が安全に行われているといえます。したがって，企業Aにはお金を貸してもよいと思う人が多いのではないでしょうか。

なお，リーマンショック以降は多くの企業が借入れに慎重になっています。その結果，現在の日本企業の負債比率は良くなっている傾向にあります。

3　自己資本比率

企業がどのような財務状態にあるかについて大雑把にとらえるために，負債比率のほかに**自己資本比率**という指標が使われます。自己資本比率は次の式で表すことができます。

$$自己資本比率＝\frac{純資産（自己資本）}{総資産}×100（\%）$$

この式の意味を考えるのに重要なのは，総資産は自己資本と負債（他人資本）をあわせて計算されるということです。

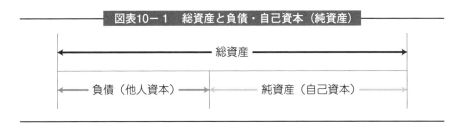

図表10－1　総資産と負債・自己資本（純資産）

図表10－1をみてください。この図表は総資産を全体として考えると，自己資本が総資産のうちどれだけの割合かを示しています。自己資本「比率」ですから，総資産のうちどれだけ自己資本があるかという割合を求めているのです。分数で表される式では，分母をものさしとしたときに，それに対して分子がどれくらいの長さになっているかを測っています。つまり，自己資本比率では，総資産というものさしに対して自己資本がどれだけの長さになっているかを測っていることになります。たとえば総資産が

200の企業で自己資本が80であれば，$80 \div 200 \times 100 = 40$（％），つまり企業の総資産のうち40％が自己資本になります。これからもわかると思いますが，自己資本比率が50％を超えると負債（他人資本）よりも自己資本が多くなります。なお，ここでは説明を簡単にするために，純資産と自己資本を同じものとして考えていますが，本来は純資産には新株予約権などが入っており，これは自己資本とは一致しないことに注意してください。

　自己資本比率が高いということは，企業のお金の基盤が安定しているということになります。つまり，自己資本比率が高いと，返済する必要のないお金をもとにして経営していることになるため，資金調達が安全に行われていることを表しています。この点は負債比率と同様です。

　注意しなくてはならないのが，必ずしも自己資本比率のみで企業の良し悪しを判断できるとは限らないということです。たとえば，これまで自己資本比率の高かった企業が，たまたま前の期の自己資本比率がとても低かったとしましょう。この企業はなぜ自己資本比率が低いのかと考えたときに，借入れをして新たに工場を建て，新しい機械を買った可能性があります。これは，企業が投資をして将来の売上を高くしようとした結果です。そのため，企業の財務安定性は良くない評価になりますが，将来の売上を考えるとむしろ良い評価かもしれません。今後紹介していく指標は，単体で使うのではなく組み合わせることでより多くの情報を得られ，企業をみるうえで重要な判断材料となるでしょう。

4　流動比率

　流動比率は短期的な財務安定性に焦点を当てる指標の１つです。短期的な財務安定性に焦点を当てる指標には，流動比率と次に紹介する当座比率があります。

　先ほどの自己資本比率では企業の総資産と純資産を考えましたが，資産の中には現金に変えることが簡単な**流動資産**とそうでない**固定資産**があります。企業の短期的な安定性をみるときには，返済が迫っている借入れを

すぐ返済できるかをみます。そのため，すぐに現金に変えることができる資産と，返済が迫っている借入れを企業がどれだけ持っているかが重要になります。

　流動比率は次の式で計算することができます。

$$流動比率 = \frac{流動資産}{流動負債} \times 100 \ (\%)$$

　この式は，通常1年以内に返済期限の来る流動負債に対して，どれだけすぐ返せるお金を持っているかを示しています。

　たとえば，ある企業が銀行から1,000万円借りていて，そのお金を来年までに返す必要があるとしましょう。これは流動負債にあたります。それに対して，企業は800万円の現金を持っているとします。現金は流動資産ですね。ほかにも企業はオフィスや工場，生産設備など2,000万円相当の資産を持ってはいますが，これらはすぐに現金に変えることが簡単ではない固定資産にあたります。総資産で考えると現金800万円と2,000万円相当の固定資産がありますから，1,000万円より多く資産を持っているのは明らかです。しかし，すぐに返済に充てることのできる資産は現金の800万円しかありません。そのため，この企業の短期的な財務安定性は80%となり，100%を下回り少し危ない状態にあります。このように，すぐに返さなくてはいけないお金を返す能力を測っているのが流動比率になります。ちなみに，当たり前ですが流動比率は先ほどの自己資本比率とは異なり，100%を上回ることもあります。

　流動資産は1年以内に現金化できる資産で，流動負債は1年以内に返さなくてはいけない負債であることは，ここまでで勉強してきました。流動比率が100%のときには，流動資産と流動負債が同じ額になります。つまり，企業が1年以内に返さなくてはいけない負債をなんとか返せる状態です。

　なお，昔は流動比率が200%を超えているかどうかが1つの目安になっ

ていましたが，現在の企業ではそれほど高い流動比率でなくとも，業界平均以上であれば問題ないと考えるようになってきています。

5　当座比率

次に，当座比率をみていきましょう。当座比率は次の式で表されます。

$$当座比率 = \frac{当座資産}{流動負債} \times 100 \ （\%）$$

当座比率と流動比率の違いは，分子が当座資産か流動資産かです。当座資産は流動資産の中でも，現金預金・受取手形・売掛金・有価証券という特に現金に変えやすいものでした。このことから当座資産は流動資産と比べて必ず小さくなるため，当座比率は流動比率よりも必ず小さくなることがわかります。当座資産はすぐにでも現金に変えることができるので，負債の返済を求められたときすぐに返済できるかは，当座比率で測ることができます。すぐに負債を返済できれば，返済の約束を守ることができるため，財務安定性という視点からみた企業の評価は高くなります。つまり，当座比率が100%を超えていれば，企業は流動負債の返済能力があるとみなされ，短期的な財務安定性が高いといえるでしょう。

当座比率と流動比率を比べてみると，当座比率のほうが必ず小さくなることから，企業の短期的な財務安定性を判断するうえでより厳しい指標になっています。流動資産には棚卸資産を含んでいるため，流動資産がすぐに現金化できるかといわれると少し疑問が残ります。そのため，当座比率で企業の短期的な財務安定性を測ったほうが，企業が返済の約束を守ることができるかを，より確実にみることができそうです。

6　まとめ

この章では，企業の財務安定性を表す指標を解説してきました。この財務安定性を表す指標として大雑把に捉える指標である負債比率と自己資本

比率，短期的な財務安定性を捉える指標である流動比率と当座比率の４つがあるとここでは紹介しました。もちろん，ほかにも財務安定性を表す指標は生み出されていますが，ここで紹介した４つの指標を使って企業の財務安定性をある程度判断できます。

　また，もともと掛取引の多い日本企業では，掛取引した際のお金を返せるかどうかも非常に重要な視点です。そのため，これらの指標はお金を貸す人たちだけでなく，企業が取引を行う相手にも重要な指標です。

　ただ，これらの指標だけを使って企業の良し悪しを判断できないことには注意が必要です。たとえば，企業の財務安定性が高くても，その企業がたくさんのお金を稼ぎ出すとは限りません。たとえ資金繰りがうまくとも，しっかりと営業して収入を増やさない限りは企業が大きくなることはありません。この章で紹介した指標はあくまでも企業の財務状態が安定しているかを測るものさしでしかなく，企業の生産性や効率性，成長性を測る方法ではありません。しかし，財務状態が安定している企業は，今後うまく投資を行ったりすることで多くの利益を得ることができる企業になる可能性もあります。そのため，企業の財務状態を測る方法としては重要な指標になるでしょう。

Column **太く短く？ 細く長く？**

　みなさん，自分の将来について考える上で「太く短い」人生か「細く長い」人生かといったようなことを考えたことがあるでしょうか。自分の人生がどこまで続くのかはわからないので「明日のことは考えずになるべく今を楽しもう」という人と「将来のことが不安だからなるべく今は遊ばずにお金を蓄えておこう」という人がいると思います。たとえばこれを企業に置き換えると，短期的に大きな利益を稼ぎ出す企業か，長期的に安定した利益を稼ぎ出す企業かということと，対応していると考えることができます。この章でみている企業の安定性は，なるべく企業を「細く長く」持続させることで，安定した利益を生み出してくれるかを測る指標になっています。確かに，「細く長く」といったような視点で企業をみることは非常に重要なことです。しかし，先ほどのように自分の将来について考えてみると，「細く長い」人生はもちろんですが，「太く短い」人生も，自身がよければそれでよいと思いませんか。このように，企業をみるうえでも「細く長い」企業かを安定性の指標でみるだけでなく，「太く短い」（短期的に大きな利益を稼いでくれる）企業かということも重要になってきます。もちろん，「太く長い」企業，つまり財務安定性が高いだけでなく，短期的に稼ぎ出す利益も大きい企業がよい企業なのは間違いありません。皆さんの将来も「太く長い」将来になると良いですね。

　ちなみにですが，企業は経営者のものでなく株主のものです。そのため，「細く長い」経営を目指すか，「太く短い」経営を目指すかは株主の希望通りに行われなくてはいけません。みなさんは自分の将来をどうするかについて，自分でマネジメントすることができますが企業では必ずしもそうとは限りません。

● 練習問題 ●

1　以下は江崎グリコ株式会社の2022年度の貸借対照表から数値を抽出している。このとき，①負債比率，②自己資本比率，③流動比率，④当座比率を求めなさい。

項　　目	金額（単位：百万円）
流動資産	110,388
当座資産	84,278
固定資産	191,359
流動負債	52,327
固定負債	38,332
純資産	211,088

（解答は213ページ）

【さらに学習を深めるための書籍】

①　乙政正太『財務諸表分析（第3版）』同文舘出版，2019年

　　財務諸表から企業価値（企業の株価など）を考察する方法を多く紹介しています。上級テキストにはなりますが，本章で紹介できない内容などが書かれています。

②　飯田信夫『財務諸表の裏の読み方』中央経済社，2021年

　　会計の「数字」にまつわるお話が，著者の実務的な経験に基づいて書かれています。例を使って議論しているだけでなく，財務諸表分析に必要な基本的な知識から復習させてくれ，楽しく読めると思います。

第**11**章

収益性を読む

1 はじめに

　ここでは企業の**収益性**，つまり企業にどれだけ儲ける力があるかをみる
指標を解説します。一口に企業が「儲ける」といっても，何をもって儲け
るというのでしょうか。たとえば，企業の収益性を表す代表的な指標とし
て売上高利益率があります。売上高利益率は売上高に対してどれだけの利
益があるかを表しています。企業が製品を売り上げるごとに，当然それに
対応して費用も増えていきます。そのため，いくら売上が多くてもそれ以
上に費用がかかりすぎていては企業の収益性が高いとはいえません。

　そこで，企業の売上高から費用を引いた数値である利益が売上高に対し
てどれだけあるかをみることで，企業の収益性を考えようとしているのが
売上高利益率です。損益計算書にはさまざまな「利益」があることをここ
までで学習しました。ここでは，それぞれの利益ごとに売上高利益率を詳
しく解説していきます。

　ほかに，ここで紹介する収益性を表す指標には次の2つがあります。

① 総資産経常利益率（ROA）
② 自己資本当期純利益率（ROE）

　総資産経常利益率（ROA）は企業が持っている総資産に対して，企業
がどれだけの経常利益を稼ぎ出しているかをみる指標です。企業が資産を
持っておくのは何らかの価値を生み出して，それを売ることで企業や消費

者からお金を受け取り，利益を得ようとするためです。

　また，自己資本当期純利益率（ROE）は企業が持っている資産のうち，自己資本に対してどれだけの当期純利益を企業が稼ぎ出しているのかをみる指標です。この指標は総資産経常利益率とは異なり，企業の稼ぐ能力を対自己資本で考えています。

　総資産経常利益率と自己資本当期純利益率は近年注目を浴びている指標です。特に，自己資本当期純利益率は外国人投資家が増え，企業が投資家の意見に応える経営を行おうとした結果，注目されるようになっています。

　また，ここでは売上高販管費率を紹介します。売上高販管費率はどれだけ販売費及び一般管理費（販管費）を効率的に使えているかという指標です。近年は販管費に対する注目が高まってきています。これは，売上原価に対する販管費の割合がだんだんと高まってきているためです。ここではこういった時代の流れから，売上高販管費率を紹介します。

2　売上高利益率

　企業の収益性を測る指標として**売上高利益率**があります。売上高利益率は収益性を考える指標として長い間使われており，広く知られています。売上高利益率を式で表すと次のようになります。

$$売上高利益率 = \frac{利益}{売上高} \times 100 \,(\%)$$

　ここでは分子を「利益」としていますが，利益には売上総利益・営業利益・経常利益・当期純利益を入れて計算します。売上高利益率は売上高に対してどれだけの利益を稼いだかを表しています。つぎに，利益に売上総利益・営業利益・経常利益・当期純利益を入れて計算した場合について解説していきます。

　まず，分子に売上総利益が入ると**売上高総利益率**となります。売上総利益は売上高から売上原価を引いて計算できる，粗利益やマージンともよば

れる利益です。売上高総利益率は高いほうが良い指標とされ，企業がどれだけ儲けているかをみる代表的な指標です。

　また，分子に営業利益が入ったとします。このときには，**売上高営業利益率**となります。これは，製品を売ったときにどれだけ企業に営業活動（企業が製品を販売したりして利益を得る活動を行うこと）による利益が残っているかを表しています。営業利益は売上高から売上原価と販管費を差し引いた利益になります。そのため，企業の営業活動による利益を表しており，企業が利益を生み出す源となっています。ただし，売上原価と販管費の違いがはっきりしないサービス業などでは，営業利益で企業の収益性をみるのは難しくなっています。

　分子に経常利益が入ると，**売上高経常利益率**になります。経常利益は営業利益に対して企業の財務活動による損益を足したり引いたりして計算できる利益でした。経常利益は企業が平常時に行う活動（経常的な活動）による利益を表すので，銀行が力を持っていた日本経済では重視されてきました。そのため，売上高に対してどれほどの経常利益を稼ぐことができているかを表している売上高経常利益率も，日本では重要な指標です。

　分子に当期純利益が入ると，**売上高当期純利益率**になります。当期純利益は経常利益から特別損益や税金を引いた利益でした。そのため，企業が通常1年の会計期間内に稼いだ利益の最終的な額になります。当期純利益は株主に配当として再配分するための元手となります。このことから，株主からすると売上高に対してどれだけ自分の手元に戻ってくる利益が残っているかという点で，売上高当期純利益率は気になる指標の1つでしょう。

3 総資産経常利益率（ROA）

　次に**総資産経常利益率**（ROA：Return on Assets）を解説します。総資産経常利益率は次の式で計算できます。

$$総資産経常利益率 = \frac{経常利益}{総資産} \times 100 \;(\%)$$

　この式の分子をみてください。分子は経常利益になっています。経常利益は企業の経常的な活動の結果として計算される利益でした。これを総資産で割ったのが総資産経常利益率です。つまり，企業の持っている総資産が，企業の経常的な活動の結果として計算される利益をどれだけ生み出してくれるかを表しているのが総資産経常利益率です。この指標からわかるのは，企業が持っている資産を使ってどれだけの利益を稼ぐことができるのかです。

　この指標が便利なのは，総資産というものさしで経常利益の大きさを測っているため，規模の違う企業を比べるのに役立つことです。たとえば，図表11-1の2つの企業を考えてみましょう。企業Aは総資産が500で経常利益が40，企業Bは総資産が1,000で経常利益が50です。この2つの企業を比べてみます。まずは企業が持っている資産，つまりは土地建物や現金などの総額で比較します。これをみると企業Bのほうが大きいため，企業Bのほうが大きい企業だといえるでしょう。次に経常利益で比べてみましょう。経常利益をみても，企業Bのほうがより多くの利益を稼ぎ出して

図表11-1　総資産経常利益率を用いた企業の収益性の比較

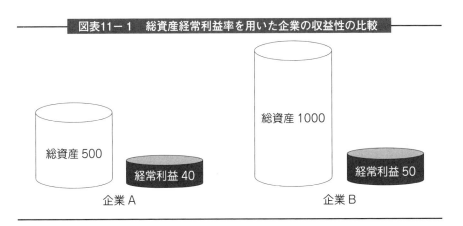

います。

　しかし，規模の大きい企業のほうが稼ぐ力が大きいのは当然でしょう（必ずとはいい切れませんが）。このようにこれら2つの企業を単純に比較していいのでしょうか。企業の大きさそのものを比較することには意味があるかもしれませんが，企業がどれだけの稼ぎを出すかを比較するには会社の大きさをそろえる必要がありますよね。この問題を解決するために総資産経常利益率を使うことができます。

　では，この2つの企業を，総資産経常利益率を使って比較してみましょう。まず，企業Aの総資産経常利益率を求めます。そうすると，40÷500×100＝8％です。これに対して企業Bの総資産経常利益率は50÷1,000×100＝5％です。これをみてみると企業Aの総資産経常利益率のほうが高く，企業Aのほうが収益性は高いことになります。このように，総資産経常利益率は企業の規模にかかわらず収益性を測ることができるので，複数の企業の収益性を比較しやすい指標になっています。

　また，総資産経常利益率は次のように分解できます。

$$\text{総資産経常利益率} = \frac{\text{経常利益}}{\text{総資産}} \times 100 = \frac{\text{売上高}}{\text{総資産}} \times \frac{\text{経常利益}}{\text{売上高}} \times 100 \ (\%)$$

　売上高÷総資産は**総資本回転率**を表しています。総資本回転率が示しているのは，総資産をどれだけ効率的に活用して売上につなげているかです。つまり，総資産がどれだけ効率的に経営に使われ，収益性につながっているかを示しています。

　総資本回転率は大きいほど良いとされています。これは，総資本回転率が高いほど企業の資産が上手く使われていることになるためです。数値が低い場合にはたとえば，使っていない工場を売却したり，棚卸資産を減らしたりすることで総資本回転率を改善できます。

　さらに，経常利益÷売上高は**売上高経常利益率**を表しています。これは先ほど解説しましたが，売上高に対してどれだけの経常利益を稼ぐことが

できているかを表す指標になっています。つまり，製品を売ったときにどれだけが企業の利益になるかに影響を受けます。

　総資産経常利益率を高くするには総資本回転率か売上高経常利益率のどちらか一方を高くすればよいとわかります。総資本回転率を高くすることは，企業をスリム化して資本の回転を良くすることです。それに対して，売上高経常利益率は売上高に対してどれだけの経常利益が残るかを表しています。そのため，費用を減らしたりすれば売上高営業利益率を改善することができ，その結果売上高経常利益率も改善します。もちろん，支払利息などの財務費用を減らすことができれば，売上高経常利益率は改善します。いずれかの方法で総資本回転率か売上高経常利益率を上げることができれば，総資産経常利益率を上げることができます。ただし，これらの指標には深い関係がありますので，単純な意思決定で総資産経常利益率を改善することは難しいでしょう。

4　自己資本当期純利益率（ROE）

　次に**自己資本当期純利益率**（ROE：Return on Equity）を解説します。自己資本当期純利益率は近年とても注目されている指標で，企業の収益性について評価を行うには欠かせない指標となっています。自己資本当期純利益率は次の式で計算できます。

$$自己資本当期純利益率 = \frac{当期純利益}{自己資本} \times 100 （\%）$$

　この式は，企業の持っている自己資本がどれだけ当期純利益を生み出しているかを表しています。なお，数値が大きいほど良い指標だとされています。

　自己資本とは企業の株主などから調達した返済する必要のないお金を指します。こういったお金がどれだけの当期純利益を生み出すかが，現在，投資家の間で高い関心を集めています。当期純利益は最終的に配当として

投資家に還元される利益の一部になります。そのため，自分たちが出資した額がどれだけの当期純利益を生み出してくれるかを表す自己資本当期純利益率は，投資家からの関心が高くなっています。特に外国の機関投資家などが自己資本当期純利益率を重視していることが知られています。

　近年，外国の有力な機関投資家が日本企業にも投資を行うようになりました。その結果，日本企業が高い自己資本当期純利益率を目標として掲げるようになりました。特に，2010年代中ごろからその傾向が強くなりました。具体的には自己資本当期純利益率8％を目標にして経営を行う企業が増えたのです。なぜ8％なのかは置いておくとして，現在の日本企業で自己資本当期純利益率8％を達成できている企業は，アメリカに比べて少ないといわれています。

　もちろん，必ずしも株主を重視してきたわけではない日本の経営を考えると，急にこのような目標を達成するのは困難でしょうし，アメリカと比較して良し悪しを議論すること自体が良いことではないかもしれません。しかし，目安としてこのような目標を掲げるのは大切なことだと考えられます。企業は株主のものなので，株主にとって最も良い結果をもたらす義務が企業にはあるのです。

　ただし，自己資本当期純利益率は分母に自己資本（純資産）がきていることから，たとえば自社株を売却して自己資本を減らすと，数値が改善することには注意しないといけません。次の2つの企業を考えてください。当期純利益が企業A，Bともに10だとします。また，両企業とも企業を経営するのに1000の資本が必要だとします。企業Aは自己資本が500，他人資本が500，それに対して企業Bは自己資本が200，他人資本が800だとします。

　これらの企業の自己資本当期純利益率を求めると，企業Aが10÷500×100＝2（％），企業Bが10÷200×100＝5（％）となります。これをみてみると，企業Bの自己資本当期純利益率のほうが高くなっています。しかし，明らかに企業Aのほうが自己資本比率は高く，財務安定性では企業Aのほ

うが優れているといえるでしょう。このように自己資本当期純利益率を改善できても，企業の財務安定性が犠牲になる可能性もあります。そのため，企業の良し悪しを判断するには，さまざまな指標でいろんな角度から企業をみる必要があります。

5 売上高販管費率

　最後に**売上高販管費率**について解説します。販管費は，ここ数年注目を浴びています。というのも，販管費には広告宣伝費や研究開発費などが含まれるためです。たとえば広告宣伝費は消費者の企業イメージを作ることに貢献し，そこからブランドを作ることも可能です。また，研究開発費は支出する時点で価値があるとは限りませんが，研究開発が成功すれば企業に大きな利益をもたらす可能性があります。したがってこれらの費用は何らかの資産と考えることができます。しかし，現状の財務諸表ではこれらの費用を資産として表現しきれていません。

　現状の財務諸表では，これらの費用から生まれた成果の一部が**無形資産（インタンジブルズ）**として資産に計上されています。たとえば，特許権は研究開発費を投入した成果になります。しかし，研究開発費を投入してもすぐに，そして必ず成果が出るとは限りません。そのため，販管費として支出した費用の効果を，必ずしも資産として計上できません。ほかには，広告宣伝を支出してブランドイメージを作っても，これは資産に計上されません。つまり，貸借対照表に計上されない無形資産になります。貸借対照表に計上されない無形資産も企業が将来の価値を生み出す源の1つです。こういった将来価値の源の多くは，販管費に計上されることが多いと知られています。

　特に，近年は企業の売上原価に対する販管費率が高まっていることからも，多くの企業の経営が有形資産を使うだけでなく，財務諸表に表れない無形資産を使って価値を作り出すことへと変わっていることがわかります。そのため，ここでは売上高販管費率を紹介します。

　では，売上高販管費率の計算の仕方を紹介します。売上高販管費率は次
の式で求めることができます。

$$売上高販管費率＝\frac{販管費}{売上高}×100（\%）$$

　これをみてもわかるように，売上高に対してどれだけの販管費がかかっ
ているかを売上高販管費率では求めています。この指標をみるときに注意
しなくてはいけないのは，これまでみてきた収益性を測る指標とは異なり，
小さいほど良いとされている点です。つまり，少ない販管費でより多くの
売上高をあげることができている企業のほうが，優れている企業であると
されています。より少額の資産でたくさんの売上高がある企業のほうが，
資本効率が良いというのは普通に考えて納得できるでしょう。

　ではみなさん，少し考えてみてください。売上高販管費率が大きい企業
は必ずしも良くない企業でしょうか。当然，費用が大きく売上高の小さい
企業は現時点であまり良くない企業だと考えられるでしょう。しかし，先
ほど販管費は将来の価値を生み出す源であるといいました。このことから，
今現在，売上高販管費率が良くない（大きい）企業であっても，数字に表
れない将来の収益の源を抱えている可能性があります。そのため，販管費
の内容を細かくみて何が原因で販管費が高いのかを考えることで，その企
業の将来性をある程度読み解くことができます。

　たとえば，研究開発費がとても多く，それが影響して販管費が高い企業
があるとしましょう。この企業は将来の収益に対して多額の投資をしてい
ることになります。そのため，研究開発がうまくいけば，この企業は大き
な価値を生み出す製品を販売できます。したがって，研究開発費をたくさ
んかけている企業は，将来の収益を狙っていることになります。このよう
な企業は現時点では売上高販管費率は良くありません。しかし，将来はこ
の販管費が企業の生み出す価値に貢献する可能性があるので，必ずしも売
上高販管費率の良くない企業がダメというわけではありません。もちろん，

企業の将来性は販管費のみで決まるわけではないので，あくまでも参考の1つと考えてください。

この章で解説した売上高利益率は，売上高に対する利益の割合をみています。それに対して，この売上高販管費率は売上高に対する販管費の割合をみています。一見するとそこまで関係の深くない指標にみえますが，利益=売上高-費用だと考えると，両者は深い関係にあります。この点には詳しく触れませんが，売上高，費用，利益には深い関係があることを常に意識して，企業に関する様々な指標をみてください。

6　まとめ

この章では，企業の収益性を測る指標として総資産経常利益率，自己資本当期純利益率，売上高利益率，売上高販管費率を紹介しました。ここで紹介した指標のほかにも企業の収益性を測る指標はありますが，これらの指標，特に総資産経常利益率と自己資本当期純利益率は近年とても重視されています。残りの2つも企業の収益性を測る指標として重要になりますので，これらの指標を使って企業を分析することで就職活動や投資に役立てるとよいでしょう。

ただし，第10章でも述べているように，これらの指標は企業を1つのものの見方で捉えているにすぎません。特に今回の指標は企業の収益性を表すだけの指標です。様々な企業に関する指標を組み合わせることで企業の良し悪しを判断することが可能になります。なお，近年は企業が自主的に環境報告書やCSR報告書，統合報告書といった数字以外のデータを公開しています。これらの報告書には，企業の環境や労働問題，社会的活動への取組みが掲載されています。このように数字以外のデータ，つまり定性的なデータを多くの企業が公開しています。これまで学習してきたさまざまな指標に加えて，こういった定性的なデータを活用するとより企業を多面的に判断できるようになります。

企業の外の人が使う情報と企業の中の人が使う情報

　みなさんは「会計」というと何を思い浮かべるでしょうか。多くの人は複式簿記や，企業の財務諸表など，企業の外の人が利用する情報を思い浮かべるでしょう。しかし，利益や費用などの財務情報は投資家などの企業の外の人だけが使っている情報ではありません。たとえば，企業の中で事業部の業績を管理するために財務情報が使われることがあります。このように企業の中で管理を行うために財務情報を使う会計を管理会計とよびます。なお，管理会計についてはこの後解説します。

　この章で紹介した総資産経常利益率などは，事業部という企業内部の小さな組織を管理する際にも使われます。事業部には部長がいます。この部長を何らかの方法で評価して，上手く管理することが企業にとっては重要です。このときにここまで学習したいくつかの指標が使われることがあります。しかし，企業の中で使う情報は企業の外に公表する情報とは異なり，決まった方法で集計する必要がありません。そのため，企業内で上手く指標を使うことで正確な評価ができるようになります。

　ちなみに，まとめで環境報告書やCSR報告書，統合報告書といった定性的なデータも紹介しました。これらは企業外部への報告義務がないため，企業によってかなり異なる形式で公開されています。企業が外に公開する情報でも，必ずしも形式が決まっていないものもあることには注意してください。

　もちろん，企業の中でも定性的な情報は使われています。たとえば，企業や事業部の雰囲気や文化，企業理念などがそうです。たとえば，A事業部はピリッとした雰囲気でB事業部は和やかな雰囲気だったとします。こういった情報をもとに部長を評価すると，同じ1,000万円の利益を上げている事業部でも評価が変わってくると思いませんか？　このようにして，数字だけでなく定性的な情報も使って事業部を評価することも可能です。

　ここまで学習してきた指標は企業の外の人，中の人に関係な

く使うことができる指標でした。それに対して，企業の中の人のみが使う情報があり，企業の外に出ている情報とは必ずしも一緒でないことを記憶にとどめておいてください。みなさんが就職活動をするときには，このことに十分注意して自分の行きたい企業や自分に合った企業をしっかり見極めてください。

● 練習問題 ●

1　以下は江崎グリコ株式会社の2022年度の貸借対照表と損益計算書から数値を抽出している。このデータから①総資産経常利益率，②自己資本当期純利益率，③売上高営業利益率，④売上高販管費率を計算しなさい。

項　　目	金額（単位：百万円）
流動資産	110,388
当座資産	84,278
固定資産	191,359
流動負債	52,327
固定負債	38,332
純資産	211,088
売上高	196,730
売上原価	127,233
販売費及び一般管理費	61,999
営業外収益	9,803
営業外費用	1,289
当期純利益	12,553

（解答は214ページ）

【さらに学習を深めるための書籍】

① 田中弘・山下壽文『わしづかみシリーズ　経営分析を学ぶ』税務経理協会，2010年

　企業をみる指標がたくさん紹介されています。たくさんの例を使って複数の企業を比較することで，実際にどうやって指標を使うかということを解説しています。

② 柳良平『ROE革命の財務戦略─外国人投資家が日本企業を強くする─』中央経済社，2015年

　外国人投資家への聞き取り調査にもとづいて，日本企業の経営について述べています。特に，自己資本当期純利益率が重視されるこの時代の経営について書かれています。少し突っ込んだ内容ですが，これからの日本企業に興味がある人はぜひ読んでみてください。

第**12**章

原価計算制度

1 はじめに

　これまで，企業が外部に報告する会計情報を解説してきました。企業が外部に数字を報告するのは，さまざまな利害関係者に情報を提供することが1つの目的です。企業が外部に報告する情報の1つに，企業が製造した製品の原価に関する情報があります。このように，外部に報告する目的で行われる原価計算は**財務会計目的の原価計算**とよばれます。この章では，財務会計目的の原価計算を解説します。

　対して，管理会計は企業の内部管理に役立てる会計情報で，主に経営者やマネージャーなどの管理者が意思決定をするために利用されます。次の章では，**管理会計目的の原価計算**を解説します。管理会計は通常，その情報を外部に報告する必要がありません。

　つまり，この2つの違いは主に「誰が情報を利用するか」といえるでしょう。しかし，この章で解説する財務会計目的の原価計算も，管理会計的に利用できます。さらに，最後に解説する標準原価計算は，管理会計目的での利用が意図されています。

　では，ここで解説する財務会計目的の原価計算の全体像をみてみましょう。財務会計目的の原価計算は，**原価計算基準**とよばれる基準で計算される制度的な原価計算です。そのため，この章のタイトルになっている原価計算制度をこの章で扱います。原価計算制度では，**費目別計算**，**部門別計算**，**製品別計算**の3つのステップで原価を計算します。また，製品別計算は個別原価計算と総合原価計算にわかれています。

2 費目別の原価計算

　まず，原価の**費目別計算**を解説します。実際原価を計算するには最初に原価の費目別計算を行います。費目別計算とは，製品を作るのにかかった費用を材料費・労務費・経費にわけて集計する手続きのことです。

　まずは，**材料費**の計算を解説します。材料費は製品を作るのに消費された財を貨幣単位で計算した費用です。たとえば，カレーを作るときにはにんじんやじゃがいも，たまねぎなどが必要になります。このように製品を作るために必要な財を使ったときに発生する費用を，材料費とよびます。

　材料費を考えるときに困るのは，最初に買ってあった材料とあとに買った材料の値段が違うケースです。たとえば，カレーを例に考えてみましょう。最初に買ったじゃがいもは1個80円でしたが，あとで買ったじゃがいもは1個90円に値上がりしているかもしれません。企業は，このように値段の異なる材料を使って製品を製造しています。

　では，なぜこれが困るのでしょうか。たとえばカレーの例では，カレー1皿作るのに一体いくらのじゃがいも代がかかっているのかが問題になります。単純に考えれば，カレーを作るのにじゃがいも2個が必要なら，80円のじゃがいも1個と90円のじゃがいも1個を使ってカレーを作っていると考えられます。そのため，このカレーを作るためのじゃがいも代は170円だとわかります。このように考えれば話は簡単です。

　しかし，企業ではこれほど単純に考えることが難しい現実があります。なぜなら，企業はたくさんの材料を倉庫においていたり，製品によってはなるべく新しいものから使うケースがあります。このように，材料費を考えるには，いつ・いくらで倉庫に入れた製品を，どの製品に何個使ったのかを考える必要があります。これが厄介な計算を発生させます。

　これを計算する方法が，先入先出法，後入先出法，平均法などです。ここでは詳細に触れませんが，カレーの例から，計算法によって材料がどれだけの金額で消費されたかが異なるとわかると思います。

　また，材料費の場合は材料の消費に伴って発生する原価となります。通常，材料の消費は製品を作るときに発生するため，製品を作るために直接使われます。このように，その製品を作るために直接発生する費用を**直接費**とよびます。そのため，製品を作るために直接消費される費用は，直接材料費とよばれます。

　これに対して，製品を作るために間接的に発生する費用も存在します。これは**間接費**とよばれます。たとえば，機械を作る企業で，機械を作るための機械が壊れることがあります。このとき，自社製品である機械を作るための材料を，機械を作るための機械を直すために使うことがあります。これは間接材料費の1つです。間接材料費は直接材料費に比べると少額ですが，どの製品にどれだけ使われたかを把握するのが難しくなります。

　なお，間接費は最終的に各製品に振りわけられます。このように間接費を振り分けることを**配賦**（はいふ）とよび，各製品に直接割り当てることを**賦課**（ふか）（直課）とよびます。そのため，間接材料費も最終的に製品に配賦されます。

　続いて労務費を紹介します。**労務費**とは，工場の従業員の労働力の消費から発生する原価をさします。つまり，工場で製品を作る従業員が，実際に働くと発生する原価です。ちなみに，労務費にも直接費と間接費があります。工場でその製品を作るために，直接かかわる仕事をする従業員に関する費用が直接労務費，工場の管理や福利厚生を担当している従業員に関する費用が間接労務費となります。

　労務費の計算で面倒なのは，従業員に払う給料を計算するタイミングと，製品に配賦・賦課する原価計算を行うタイミングが異なることでしょう。たとえば，202×年の7月の原価計算と給与計算を考えてみましょう。通常，原価計算は7月1日から7月31日までの製品の原価を計算します。

　これに対して，給与計算はずれることがあります。たとえば，15日締めの25日支払いといったように，給与が支払われるタイミングに応じて，いつからいつまで働いたことに対する給料かが変わってきます。このとき7月分の給与は6月16日から7月15日まで労働力が提供された対価として支

払われます。そのため，7月に行う原価計算に7月分の給与をそのまま反映させるわけにはいかず，これをわけて考える必要があります。

　最後に経費は，材料費と労務費以外の費用です。つまり，材料と労働力以外の経営資源を消費した場合に発生する費用です。たとえば，外注加工費，減価償却費，特許使用料，電気・ガス・水道代などが該当します。なお，経費も材料費・労務費同様に直接費と間接費にわけられます。

　たとえば，直接経費には外注加工費や特許使用料があります。ある製品をほかの企業に外注して加工してもらうための費用は直接経費となります。対して，そのほかの経費はほとんどが間接経費となります。

　経費は，発生のしかたで支払経費，測定経費，月割経費，発生経費の4つにわかれます。支払経費は原価計算期間における支払いの事実をもとに計算される経費で，出金伝票や支払請求書により消費高が計算されます。たとえば，外注加工費，旅費交通費，通信費，修繕費などです。これも労務費と同様に，原価計算期間と支払期間がずれる可能性があります。

　測定経費はメーターなどで測定した電力等の実際消費量を記載した，経費測定表を使って計算する経費をさします。たとえば，電力量やガス代などがこれに該当します。

　月割経費は，経費月割票を通じて1年あるいは数か月の支払高，または発生高を月割して計算される経費をさします。たとえば，減価償却費，賃借料，保険料，租税公課などが該当します。

　発生経費は実際に各原価計算期間中に発生している経費で，支払いを伴わない経費をさします。たとえば，材料の棚卸減耗などが該当します。ただし，発生経費は月割経費として扱われるケースも多いです。なお，経費も直接費と間接費にわけられます。

3　部門別の原価計算

　原価の費目別計算が終わったら，次に原価の**部門別計算**を行います。部門別計算とは，費目別に計算された費用を発生場所に区分・集計する手続

きです。発生場所は工場などで，単純に空間的にわけられるのでなく，作業内容や管理者の管理責任範囲に応じてわけられます。このようにわけられた単位を部門とよびます。ただし，責任の範囲と原価が発生する範囲は一致するとは限らず，原価が発生する範囲を**原価部門**といいます。

　原価部門は**製造部門**と**補助部門**にわかれます。製造部門は，企業が主として販売する製品の製造に直接かかわる部門で，見込み生産企業では製造工程や工程とよばれます。対して，補助部門は必ずしも直接，製造にかかわりません。たとえば，壊れた機械の修繕や工程間の半製品の運搬など，製造部門の作業を援助する部門を補助経営部門といいます。また，それ以外の工場の管理にかかわる業務を担当する部門を工場管理部門とよびます。

　部門別計算は，より正確な製造原価の計算と，部門管理者の責任の明確化を目的として行われます。特に後者は部門管理者の責任を明確にすることで，どこで何が起きたかを把握し，原価低減につなげます。

　部門別計算は部門費を集計する際，2つのステップを踏みます。これらを部門費の第1次集計と第2次集計とよびます。**第1次集計**では，製造間接費を製造部門あるいは補助部門ごとに集計します。そして，**第2次集計**では，第1次集計で算出された補助部門費を各製造部門に配分します。

　第1次集計では，製造間接費をどの部門で発生するかを特定できるかで，**部門個別費**と**部門共通費**にわけられます。部門個別費と部門共通費は，イメージとしては直接費と間接費のようなものです。したがって，部門個別費は各部門に賦課し，共通費は各部門に配賦します。

　第1次集計が終わったら，第2次集計にはいります。第2次集計では，補助部門がほかの部門に提供したサービスの割合を，可能な限り正確に表す配賦基準で配賦する必要があります。たとえば，福利厚生に関する補助部門なら配賦先の部門の従業員数，動力を管理する補助部門なら配賦先の部門の電力消費量などです。なお，代表的な配賦法として直接配賦法，相互配賦法，階梯式配賦法といった方法があります。

　このように各部門に区分・集計された製造部門費は，最終的に製品に負

担させなければいけません。製造部門費は，製品別の発生額を直接的に把握できないため，製品に負担させるときに配賦されます。

4 製品別の原価計算：個別原価計算

続いて，製品別の原価計算に移ります。製品別の原価計算では，製品の製造形態に応じて個別原価計算または総合原価計算が選択されます。

個別原価計算は顧客が求める個別の仕様にしたがって受注生産を行っている場合に適用される原価計算です。たとえば，船舶やレーシングカーなどは顧客からの発注ごとに製品の仕様が大きく異なり，受注生産が行われることが多くなります。受注生産では，製品を大量生産しておらず，一定期間に対する原価計算ではなく，製品ごとに原価を計算する必要があり，そのために利用するのが個別原価計算です。

製品を製造する際，その製品の仕様が記載された**製造指図書**を利用します。個別原価計算での原価の区分・集計はこの製造指図書に記載された製造指図書番号を識別して行われます。つまり，イメージとしては製造指図書に対して原価が区分・集計されます。

個別原価計算では製造指図書が発行されると，その製品の原価を区分・集計するために，原価計算表が作成されます。原価計算表には原価の費目として，直接材料費，直接労務費，直接経費，そして製造間接費が区分されます。これらのうち，製造指図書に紐づけられるのが製造直接費で，紐づけられないのが製造間接費です。主要材料以外の材料費，直接工賃金以外の労務費，そしてほとんどの経費は製造間接費となります。

製造間接費は部門別集計の方法で，製造部門別に集計されます。この集計された製造間接費が製造指図書別に配賦計算されます。このような部門別計算の実施を前提とした個別原価計算を**部門別個別原価計算**といいます。

対して，小規模な会社などで原価部門を明確に特定できないと，部門別計算が省略されます。このように，部門別計算を実施しない場合を**単純個別原価計算**とよび，部門別個別原価計算と区別します。部門別計算を行う

かどうか以外に，個別原価計算は生産数量の違いでも区別されます。受注が単品のときは，単純個別原価計算が適用されます。

製造間接費は，何らかの基準を利用して製品（製造指図書）ごとに配賦されます。これを計算するためにはまず，

$$製造間接費配賦率 = \frac{製造間接費総額}{配賦基準総量}$$

とします。ここで求めているのは，作業時間などの配賦基準1単位当たり，どれだけの製造間接費が消費されているかです。これを**製造間接費配賦率**といいます。この製造間接費配賦率を利用して，**製造間接費配賦額**は，以下のように計算します。

$$製造間接費配賦額 = 製造間接費配賦率 \times 当該指図書の配賦基準量$$

このままだとイメージしづらいので，単純個別原価計算で以下のケースを考えてみましょう。配賦基準を直接作業時間とする工場があったとします。この工場での，当月における製造間接費の総額は20,000円でした。この工場では，製品AとBを作っていて，直接作業時間はそれぞれ，20時間と30時間だったとします。

このとき，製造間接費配賦率は20,000 ÷ (20 + 30) = 400円/時間と計算できます。この (20 + 30) は，この工場で費やされたすべての直接作業時間を表します。この製造間接費配賦率は，直接工が1時間作業すると，その作業に400円かかるというイメージです。つまり，直接工の当該作業での時給を表しているといえるでしょう。

次に，この製造間接費配賦率を利用し，それぞれの製品にどれだけ製造間接費が配賦されるかを計算します。直接作業時間を使って計算するので，製品Aは20時間，製品Bは30時間，直接工が働いたことになります。これから，製品Aに400 × 20 = 80,000円の製造間接費が費やされ，製品Bに

$400 \times 30 = 12,000$円の製造間接費が費やされたことになります。

5 製品別の原価計算：総合原価計算

続いて総合原価計算を解説します。**総合原価計算**は，見込み生産で適用される原価計算で，完成品の1つ1つを個別に原価を計算しません。原価計算期間で，完成品量に集計された総合原価を完成品原価として集計し，これを完成品量で割ることで，製品原価を計算します。

また，総合原価計算では，仕掛品が大きな影響を与えます。**仕掛品**は，作業が完了していない製品のことです。仕掛品は，費やされた材料や加工の量が完成品とは異なるため，わけて計算する必要があります。

なお，総合原価計算には，工程が複数のケースや製品が複数のケースに行う，工程別総合原価計算や組別総合原価計算が存在します。まずはこれらが単一のケースの，単純総合原価計算を解説します。

単純総合原価計算は，工程が1つで，作っている製品が1つのときに行われる原価計算です。完成品原価は，当期製造費用に前期から繰り越された期首仕掛品原価を加え，当期から次期に製造を繰り越す期末仕掛品原価を引いて算定されます。期末仕掛品の原価の決定は，当期製造費用と期首仕掛品原価の総額を，完成品と期末仕掛品とで按分するということです。

基本的に，総合原価計算では製造費用を直接材料費と加工費にわけます。**加工費**は，材料を加工するための費用をさします。つまり，原価要素のうち，直接材料費を引いた残りの原価です。

通常，製品を作るときはある一時点で完成品，仕掛品にかかわらず材料が一度に投入されます。そのため，直接材料費は材料を投入した後，完成品と仕掛品に均等にその原価が含まれます。また，加工費は加工の進み具合で違ってきます。この加工の進み具合を**作業進捗度**とよびます。

作業進捗度が100％なら，その製品は加工がすべて終わっていることを意味するため完成品となります。対して，作業進捗度が50％なら，加工が半分しか終わっておらず，完成品と比べて50％の加工費しかかかっていな

いことを意味します。この作業進捗度をつかって，仕掛品を完成品に換算した量である**完成品換算量**（かんざんりょう）を求めます。

　一方，直接材料も工程の最初にすべて投入されるとは限りません。そのため，完成品には100％の直接材料が含まれますが，仕掛品には必ずしも100％の直接材料が含まれているとは限りません。この仕掛品に含まれている直接材料の量を**仕掛品含有量**（がんゆうりょう）とよびます。ただし，工程の最初ですべての直接材料が投入されているなら，仕掛品含有量は100％になります。

　また，期首仕掛品にも面倒なことがあります。期首仕掛品があるとき，期首仕掛品が今月末にどれだけ完成品と期末仕掛品になったかを判断する必要があります。これを判断する方法が平均法，先入先出法，後入先出法です。ここでは，平均法のみを取り上げます。平均法では今期に投入された資源となる，期首仕掛品と当期の直接材料と加工作業を，完成品と期末仕掛品に平均的にわけて計算します。

　平均法で期末仕掛品原価を計算する場合，期末仕掛品にかかった直接材料費は，以下のように計算されます。

$$期末仕掛品直接材料費 = （期首仕掛品直接材料費 + 当期直接材料費）$$
$$\times \frac{期末仕掛品直接材料含有量}{当期投入量 + 期首仕掛品直接材料含有量}$$

この式の分数部分は，今期に投入したすべての材料のうち，どれだけの割合が期末仕掛品になったかを計算しています。そして，全体のうちどれだけが期末仕掛品になったかを基準にして，当期にかかったすべての材料費を期末仕掛品に割り当てます。

　また，加工費は次のように計算します。

$$期末仕掛品加工費 = （期首仕掛品加工費 + 当期加工費）$$
$$\times \frac{期末仕掛品完成品換算量}{完成品量 + 期末仕掛品完成品換算量}$$

この式も直接材料費と同じく，何らかの基準ですべての加工費を期末仕掛品に割り当てています。

　ここでのポイントは，分数部分にある期末仕掛品完成品換算量です。加工費を考える場合，その期にどれだけ加工されたかを考えます。つまり，加工するために消費された経営資源の額を計算しています。この式の分数部分は，当期に施されたすべての加工のうち，どれだけが期末仕掛品に施された加工かを表します。

　では，実際の次の表から，期末仕掛品原価を計算してみましょう。図表12-1は，ある工場での，1か月の製造に関するデータを示しています。

図表12-1　当工場での製造データ

期首仕掛品	数量	300個
	直接材料費	1,000円
	加工費	3,000円
当期投入	数量	700個
	当期直接材料費	10,000円
	当期加工費	6,000円
期末仕掛品	数量	200個
	進捗度	50%
完成品	数量	800個

まず，直接材料費を計算します。そうすると，

$$期末仕掛品直接材料費 = (1,000 + 10,000) \times \frac{200}{700 + 300} = 2,200円$$

となります。直接材料費の計算は，それほど難しくないと思います。

　また，加工費は，

$$期末仕掛品加工費 = (3,000 + 6,000) \times \frac{200 \times 0.5}{800 + 200 \times 0.5} = 1,000円$$

　となります。直接材料費に対して，加工費の計算は期末仕掛品完成品換算量を含めて計算するので，少しイメージしづらいかもしれません。

　ここでは，200×0.5が完成品換算量に該当します。これは，期末仕掛品200個は，完成品の50％しか加工が済んでおらず，費やされた加工費が完成品の50％ということを意味します。

　期末仕掛品直接材料費と期末仕掛品加工費を合わせると，期末仕掛品原価を計算できます。これが，3,200円になります。また，すべての費用から期末仕掛品原価を引くと，完成品原価を計算できます。つまり，(1,000 + 10,000 + 3,000 + 6,000) − 3,200 = 16,800円が完成品原価となります。

　さらに，実際に企業で製品を作っていると，仕損や減損が発生したりします。仕損品とは製造で，すべての加工作業が必ずしもスムーズに行われるとは限らず，何らかの理由で失敗した不完全品をさします。また，これに伴う費用が仕損費です。問題は，製品を製造すると完成品と仕掛品に加え，この仕損品も生じるということです。この仕損品も適切な処理をし，製品の原価を計算しなくてはいけません。

　加えて，加工作業中に材料が蒸発・紛散・ガス化などで消失・消耗することがあります。これを減損とよびます。材料の消失なので，仕損品とは異なり，経済的価値の評価の対象となるものは存在しません。しかし，減損分には直接材料や加工費が投入されているため，その費用である減損費を完成品と期末仕掛品にどう配分するかが問題になります。

　次に，いくつもの作業を組み合わせた複雑な製造方法がある場合を考えます。複雑な製造方法があるとき，工程を複数に区切ることがあり，区切られた工程ごとに製造原価を計算する方法を**工程別総合原価計算**といいます。工程別総合原価計算では，単純総合原価計算と異なり，工程を部門とみなして原価計算を行います。

　しかし，工程別総合原価計算における工程費（部門費のようなもの）には，直接材料費と加工費が集計されます。したがって，直接材料費，直接労務費，直接経費，製造間接費のすべてが工程別に集計されます。やはり

製造間接費の配賦が最も厄介です。

　また，工程別総合原価計算では工程を複数に分割するため，前工程と後工程ができます。工程がわかれたときに厄介なのは，後工程で追加の材料投入があるケースです。もちろん，工程別に仕掛品も残るのでこれを判別して原価を計算する必要があります。

　工程別総合原価計算では，前工程の原価（前工程費）を次工程に累積させて，最終工程で集計された完成品原価をもって製品原価とします。この方法が，各工程の原価を累計させることから，**累積法**あるいは**累加法**とよばれます。

　最後に**組別総合原価計算**は，多品種の製品を製造する企業で使用されている原価計算です。そのため，実務では最も使われています。組別総合原価計算では，製品の種類ごとに製造原価が計算されます。通常は，異なる種類の製品を繰り返して生産し，製品種類ごとに原価を把握する必要がある場合に適用されます。なお，製品の種類を組とよびます。

　組別総合原価計算でも，原価要素を直接費と間接費にわけます。これを組直接費と組間接費といいます。つまり，組に対して直接紐づけることが可能な原価が組間接費として，紐づけ不可能な原価が組直接費として区分・集計されます。

　なお，組別総合原価計算にも単一工程のケースと複数工程のケースが存在します。この場合，工程別総合原価計算と同様に完全組別工程別総合原価計算と加工費組別工程別総合原価計算にわかれます。

6 標準原価計算

　ここまでで紹介した実際原価計算では，計算の迅速化の観点から，予定価格を利用して計算することもあります。次に紹介する標準原価計算は，価格ではなく，消費量の目標を立てることで，従業員の作業能率を高めることを目指す原価計算です。

　標準原価計算は，標準とよばれる目標のようなものを設定して，従業員

の作業能率を高めて原価を下げることを主な目的とします。なお，**作業能率**とは製造工程などの生産プロセスへのインプットに対するアウトプットの割合をさします。たとえば，製品を100個製造するための材料を工程に投入した場合，何個を失敗せずに作ることができるのかを表します。

　原価の実際発生額と比較する目標値の原価を**標準原価**といいます。これに対して，一定単位の製品に対して把握される標準原価を**原価標準**とよびます。標準原価計算は目標を設定し，それがうまくいっているかを確認して是正します。つまり，管理会計的にも原価計算であり，制度上も利用可能な原価計算です。

　標準原価は予定消費価格と標準消費量を掛けて計算できます。ここで，予定消費価格とは，標準原価を設定する時点で予定されている価格をさします。また，**標準消費量**はどれだけの材料を消費するかなど目標となる消費量です。製造工程では，製造中の努力で無駄な消費がないようにすることが重要です。

　標準原価計算では標準を設定する，つまりどう目標を設定するかが重要です。目標設定がうまくいっていないと，従業員の努力をうまく引き出せきません。たとえば，すぐに達成できてしまう目標だと，それほどがんばらなくてもよいので，努力を引き出すことができません。また，逆に目標が高すぎると，努力しても達成できないと従業員が思ってしまうため，同様に努力を引き出すことができません。

　この目標の厳しさを**タイトネス**とよびます。標準原価計算では，タイトネスに応じて理想標準原価と現実的標準原価と正常原価（予定原価）にわけます。理想標準原価は設計図どおりの生産を行うケースをさし，非常に厳しい水準です。これは目標としては厳しすぎるため，効果が期待できないと予想できます。対して，現実的標準原価は努力すれば達成可能な水準をさします。また，正常原価（予定原価）は過去の原価の平均を現状に適用した水準です。この場合はタイトネスが全くないといわれます。

　標準原価は，直接費と間接費それぞれに設定する必要があります。直接

費の設定では，**直接材料費標準**と**直接労務費標準**を設定します。直接材料費標準では，予定消費価格と材料消費量標準を設定します。また，材料消費量標準を設定するため，標準歩留率を設定します。なお，**歩留率**は，製品の直接材料費含有量を直接材料投入量で割った割合をさします。さらに，直接労務費標準では，予定賃率と作業時間標準を設定します。

つぎに間接費では，まず，製造間接費標準配賦率を製造部門別に設定します。これを計算するには，製造間接費予定配賦率を利用します。予定を使うのは，計算の迅速化のためです。原価計算は月ごとに行われますが，製造間接費の額が確定するのを待っていては原価計算が遅れてしまいます。これでは，その製品の原価情報を経営に活かすことができません。

製造間接費予定配賦率はつぎのように計算されます。

$$製造間接予定配賦率 = \frac{製造間接費予定額}{基準操業度}$$

ここで，基準操業度は製造部門の予算年度での予算操業度で，予算上の作業時間総計または，機械運転時間総計で測定されます。また，製造間接費予定額は製造間接費がいくらかかるかという予定をさします。

通常，「予定」とある場合は，従業員の努力を引き出すことにより，効率を改善するための指標ではありません。標準原価計算で，従業員の努力がかかわる計算は，

$$製造間接費配賦標準 = 製造間接費予定率 \times 作業時間標準$$

の作業時間標準のところになります。

標準原価計算では，あくまでも事前に決められた額で原価を算出するため，実際にかかった原価とはほぼ確実に異なります。制度上，この差異を分析する差異分析を行う必要があります。これを計算するには，原価差異＝標準原価－実際原価を計算します。

　なお，この計算方法では原価差異がプラスになる場合は有利差異，マイナスになる場合は不利差異といいます。差異分析では，直接材料費の差異と直接労務費の差異，製造間接費の差異をそれぞれにわけて分析します。

　この差異分析では，どこで差異が生じたのかを把握します。これにより，従業員がどこをどう頑張ればよいのかを知ることができます。

7 まとめ

　本章では，財務会計目的の原価計算である制度的な原価計算を紹介しました。簡単にまとめると，制度的な原価計算では，3つのステップで原価が計算されます。そして，原価計算をするうえでは直接費と間接費があり，間接費は何らかの方法で最終的に製品にわけていく必要があります。

　また，製品の生産形態に応じて，個別原価計算と総合原価計算にわかれます。個別原価計算は，受注生産品に対して適用される原価計算で，総合原価計算は見込み生産品に対して適用される原価計算です。

　さらに，制度上認められた原価計算に標準原価計算があります。標準原価計算は，標準という目標を設定し，従業員のモチベーションを高めることができます。この意味で，管理会計的に可能な原価計算です。

　いずれの方法でも，正確な製品原価を計算することで，企業がどのような活動を行ってきたのかを把握することが重要です。財務会計目的の原価計算では，その会計情報を正確に外部に報告する必要があります。

| Column | **製品の原価っていくらなの？** |

　SNSなどを眺めていると，「とあるレストランの○○の原価はいくらだ」といった内容や，「この製品の原価は○○円だ」といったポストが流れてきます。しかし，そういったポストの多くで触れられている原価は，材料費に限定されていることが多いです。たとえば，レストランでジュースを出す場合を考えてみましょう。2リットルのペットボトルで購入された1本300円のジュースを，1杯当たり200ミリリットルとして200円で出すときの「儲け」はいくらになるでしょうか。1杯当たり200ミリリットルなら，2リットルを分けると10杯売ることができます。10杯売ると，200円なので2,000円の売上になります。そうすると，このジュースの「儲け」は2,000－300＝1,700円になります。これから，このジュースが「割のいい」商品だといってよいのでしょうか。

　この章の内容を学習した皆さんはNOと答えるでしょう。というのも，このジュースを提供するにも，さまざまな費用がほかにかかっているからです。たとえば，ジュースを提供する従業員さんが提供する労働力には対価を支払います。また，ジュースを飲むにはコップが必要です。このコップの費用も必要です。さらに，ジュースを良い状態で提供するために，氷が必要になったり，冷蔵庫が必要になったりします。そういった費用をすべて含めて，製品の原価は計算されます。

　もし，ジュースを提供する場所がとても暑い場所で，真夏だったとしましょう。そうすると，管理も大変ですし，管理するために電気代がかかったり，壊れにくい冷蔵庫を準備する必要があるかもしれません。こういった状況では，ジュース1杯で200円というのは格安かもしれませんし，企業としてはあまり利益が出ていないかもしれません。ただ，ペットボトルのジュース代（材料費）をみているだけでは気づけないことですね。

　原価計算は，その製品を製造するために消費されたすべての経営資源を含めて計算する必要があります。したがって，背後にある必要な資源を見極めることも重要です。

◎ 練習問題 ◎

1　ある工場での当月における製造間接費の総額は240,000円だった。この工場では，製品XとYを作っており，直接作業時間はそれぞれ，600時間と200時間だったとする。なお，当工場では，配賦基準を直接作業時間としている。このとき，製品XとYに製造間接費を配賦せよ。

2　以下のデータから，当工場での期末仕掛品原価を平均法で計算しなさい。

当工場での製造データ

期首仕掛品	数量	100個
	直接材料費	50,000円
	加工費	20,000円
当期投入	数量	1,900個
	当期直接材料費	400,000円
	当期加工費	170,000円
期末仕掛品	数量	200個
	進捗度	50%
完成品	数量	1,800個

（解答は214ページ）

【さらに学習を深めるための書籍】

① 谷武幸編著『エッセンシャル原価計算』中央経済社，2012年

今回取り上げた原価計算の内容をより詳細に解説しています。本章と同じ流れで解説してくれているので，より細かく学習したい場合は読んでみてください。

② 加登豊編『インサイト原価計算』中央経済社，2008年

　こちらはもう少し幅広い内容をかみ砕いて説明してくれています。本章を読んで少しわかりにくかった場合は，この本を読んでみるとよいでしょう。

第**13**章

戦略的コスト・マネジメント

1　はじめに

　前章では，主に財務会計目的の原価計算，すなわち外部報告目的の原価計算を見てきました。本章では，経営者が意思決定に用いるための管理会計目的の原価計算についてみてみましょう。

　経営者の主な業務のうちの1つは意思決定です。経営者の意思決定は，企業の経営に大きな影響を与えます。投資の意思決定について考えてみましょう。投資の意思決定とは，新しい機械や設備を導入する，海外に工場を建てる，合弁企業を作るといったようなときの話です。大きな金額が動きますし，それが原因で数年後に事業がうまくいかなくなるという可能性もあります。経営者の責任は重大です。管理会計は，経営者がうまく意思決定できるように，サポートすることが目的となります。

　本章では，コスト・マネジメントに関して，管理会計が経営者にどのようなサポートができるのかについてみていきましょう。なお，次章では，コスト・マネジメント以外の管理会計のトピックスについて解説します。

2　財務会計目的の原価計算と管理会計目的の原価計算
—なぜ分けて考えるのか—

　そもそも，同じ原価を計算するのになぜ目的別に分けて考えなければならないのでしょうか？　財務会計は，その目的から制度として定められています。各社各様の財務報告書ではステークホルダーは各社の業績などを正しく比較できません。財務目的の原価計算は，前章で見てきたように，

原価計算基準という基準があります。

　一方の管理会計は，経営者が自社の経営を適切に行う目的で使用される
ものです。かつては，管理会計目的の原価計算として標準原価計算が問題
なく用いられていました。この管理会計目的の原価計算が，社会環境の変
化によって計算方法や考え方が変化してきたことが目的別に分けて考える
ようになってきた理由なのです。

　では，どのように財務会計目的の原価計算から管理会計目的の原価計算
が離れていったのかをみてみましょう。それを考えるためには，歴史をさ
かのぼって生産体制を検討していく必要があります。

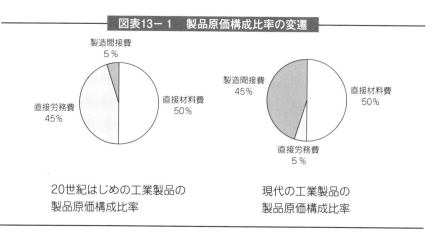

図表13-1　製品原価構成比率の変遷

20世紀はじめの工業製品の
製品原価構成比率

現代の工業製品の
製品原価構成比率

　100年前と現代の製造現場を考えてみましょう。何か異なるところがあ
るでしょうか？　あるとすれば，何が違うのでしょうか？　もっとも異な
るのは，工場などの現場での作業内容にあります。昔は人が手作業で物を
作っていました。これを工場制手工業といいます。それに比べて，現代の
工場では高価な製造設備が必須となり，製造機械が部品や製品を作るよう
になってきました。こちらは機械制大工業といいます。

　現代の工場では，人は製造設備が正常に稼働しているかどうかや，製品
がうまくできているかといったチェックが主な仕事になってきています。
これは，従来の原価の分類からすると，直接労務費が減少する一方，間接

労務費や減価償却費といった間接経費が増加するという現象として現れてきます。この根本的な原因は，企業間の競争の激化や，それに伴う製造コスト削減への圧力の高まりがあります。近年，コストのマネジメントの重要性が高まっているということの表れでもあります。その結果，直接費の割合が減少し，間接費の割合が増加します。原価計算においては，図表13－1のように，直課の比率が減少し，配賦の比率が高まることになります。このことは原価を正確に把握することが難しくなることを意味します。直課は，直接費を足し合わせるだけなので正確なデータです。

　一方，配賦という計算方法では，人が何の数値をもとに製造間接費を製品ごとに分けるか，つまり配賦基準を決めます。同じ種類の工場でも，A社A工場の配賦基準と，B社B工場の配賦基準は異なる可能性があります。すると，本来同じ原価であって当然のはずなのに，異なる原価を計算することになります。

　通常，1つの工場では多くの種類の製品を製造します。複数の製品を製造している現場で直接費に対して製造間接費の額の割合が大きくなると，製造間接費配賦率は同じでも，製造間接費配賦額は大きくなります。製造間接費配賦率の小さな違いでも，製造間接費配賦額が大きく変わってしまいます。人が決める配賦基準の値によって製造間接費配賦額が大きく影響されてしまうことが，正確な製造原価を求めることを困難にしているのです。

　繰り返しになりますが問題の要点は，産業の変化とともに原価の分類の中の製造間接費の割合が，近年増大してきたことにあります。そして，製造間接費の割合が増大することは，原価の中の配賦額が占める比率が高まったことを意味し，さらにそれは，正しい原価の把握が困難になってきていることを意味します。

3 戦略的コスト・マネジメント

　財務諸表の目的からすれば，1つの原価計算方法を継続的に採用するこ

とが重要であることは明らかです。その意味において，原価計算基準は一定の役割を果たしています。一方，コスト・マネジメントの観点からすれば，正確なコスト情報を得て，厳しい企業間競争に勝ち残ることが経営上重要であることは間違いないでしょう。

　そのため，財務会計目的の原価計算とは別に，管理会計目的の原価計算を社会環境の変化に対応したコスト・マネジメント目的だけのために，より正確な原価を追求したいという考えから，いくつかの原価の計算方法，およびコスト・マネジメントの方法が開発されてきました。これら新しいコスト・マネジメントを戦略的コスト・マネジメントと呼んでいます。どのように弱点を克服しようとして考え出されたのかを含めて，いくつかのコスト・マネジメントを簡単に説明します。

3-1 活動基準原価計算（ABC：Activity-Based Costing）

　経営者の立場から考えると，製造間接費の割合が増えてきたにもかかわらず，従来の配賦計算に頼っていては，原価の把握がむずかしくならざるを得ません。活動基準原価計算は，製造間接費をできる限り正確に求めようとして考え出されたものです。財務会計目的の原価計算では，製造間接費として全体をまとめて総額を求めます。このように集計された製造間接費をコストプールと呼びます。その後，配賦基準の数値に応じて間接費を製品の原価などに振り分けました。

　一方，活動基準原価計算では，第1段階として，製造間接費をいったん活動（Activity）ごとに集計します。間接材料費や間接労務費，間接経費などの資源を活動ごとに集計するための基準として使用される指標を資源ドライバーと呼びます。ABCにおけるコストプールは，活動ごとに集計された製造間接費であることに注意してください。活動とは，例えば保管活動とか，品質管理活動といった分類が使われます。どのような活動ごとに集計するかについては，決まりはありません。経営者・経理担当者が妥当と思う活動ごとに集計します。第2段階で，それぞれの活動が，製品や

部署といった単位でその活動の使用割合に応じて振り分けられます。この指標を**活動ドライバー**と呼びます。

　およそ百年前は，製品の生産量や工場の操業度（稼働時間）に比例して製造間接費が変化していると考えてあまり間違いはありませんでした。しかし，現代では多くの新製品や工程のイノベーションといった社会の変化に対応して，製品や部品の種類，作業内容などが複雑になってきました。製造間接費は，製品の複雑さや多様さによって変化すると考える方がより実際に近いし，正確だと考えられるようになってきました。このように，生産活動の種類ごとに分けて，それをベースに製品原価などの計算が行われていくため，活動基準原価計算（ABC）と呼ばれています。

　ABCによって原価を計算すると，製品やサービスに価値を付加する活動（**付加価値活動**）と価値を付加しない活動（**非付加価値活動**）が明らかにされてきます。例えば，品質検査活動や包装活動であれば付加価値活動，運搬活動や保管活動であれば非付加価値活動のように。各活動に要する費用を検討するとともに，非付加価値活動を減らしていくなどのコスト・マネジメントにつながっていきます。このようなコスト管理を活動基準コスト・マネジメント（**ABM：Activity-Based Management**）と呼びます。

　ABCの計算例

　図表13-2の設定で，従来の原価計算とABC両方で計算をしてみましょう。製品は，AとBの2種類で，製造間接費は，納品，段取，修繕活動のみとします。また，従来の方法では，配賦基準として直接労務費を使用するとしましょう。

図表13－2　製造原価の設定

	製品A	製品B	費　用
納品回数	10	20	30,000
段取回数	5	20	50,000
修繕回数	1	3	30,000
直接材料費	80,000	20,000	
直接労務費	150,000	50,000	

（1）従来の方法

製造間接費は，各活動の原価の合計である 30,000円+50,000円+30,000円 ＝110,000円

配賦率は，製造間接費を直接労務費合計で割り，110,000円÷（150,000円+50,000円）＝0.55

製品Aの製造間接費は，配賦率×Aの直接労務費となり，0.55×150,000円=82,500円

製品Bの製造間接費は，配賦率×Bの直接労務費となり，0.55×50,000円=27,500円

製品Aの直接費は，80,000円+150,000円=230,000円

製品Bの直接費は，20,000円+50,000円=70,000円

製品Aの製造原価は，製造間接費と直接費を足して，82,500円+230,000円=312,500円

製品Bの製造原価は，製造間接費と直接費を足して，27,500円+70,000円=97,500円

となります。

（2）ABCの方法

最初にそれぞれの活動の1回当たりの費用を計算します。

納品1回当たりの費用は，30,000円÷（10+20）=1,000円

段取1回当たりの費用は，50,000円÷（5+20）=2,000円

修繕1回当たりの費用は，30,000円÷（1+3）=7,500円

製品Aの製造間接費は，納品10回分，段取5回分，修繕1回分の合計であり，

1,000円×10+2,000円×5+7,500円×1=27,500円

製品Bの製造間接費は，納品20回分，段取20回分，修繕3回分の合計であり，

1,000円×20+2,000円×20+7,500円×3=82,500円

製品Aの製造原価は，製造間接費と直接費を足して，27,500円+230,000円=257,500円

製品Bの製造原価は，製造間接費と直接費を足して，82,500円+70,000円=152,500円

となります。

仮説の数値例で比較計算してみた結果，製造量が多い製品Aは，ABCでは製造原価が安く，製造数量が少ない製品Bは，製造原価が高くなりました。この結果は偶然ではありません。従来の原価計算と比べて，一般的にABCでは製造数量の少ない製品に製造原価が多くかかっていることを明らかにしています。

3-2 直接原価計算（Direct Costing）とCVP分析

財務会計目的の原価計算（個別原価計算，総合原価計算，標準原価計算，活動基準原価計算）は，**全部原価計算**という分類に入ります。全部の意味は，原価のすべてを計算するところからきています。直接原価計算は，全部原価計算の種類ではなく，**部分原価計算**に属します。つまり，製品やサービスの一部の原価のみ計算し，その情報を活用します。全部の原価を計算することが最終目的ではありません。一部の原価とは，直接費に該当する部分などです。

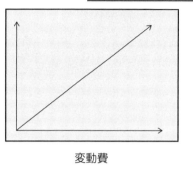 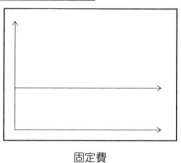

図表13-3　変動費と固定費の違い

変動費　　　　　　　　　　　　　固定費

　直接原価計算では，配賦の計算は行いません。計算される結果は全体ではなく一部分ですが，その部分は正確なコスト情報が得られます。一部の原価を求めても役に立たないのではと思われるかもしれませんが，そんなことはありません。どの製品やサービスが，どの割合で工場などの利益に貢献しているのかが貢献利益として正しく把握できるのです。直接原価計算では，原価を固定費と変動費に分けます。製造や売上量に応じて変動するコストを**変動費**，固定的なコストを**固定費**とします。売上高から変動費を引き算すると，固定費と利益を足したものが計算されます。これを**貢献利益**と呼びます。個々の製品やサービスの貢献利益の比較は，配賦された固定費を含んでいないため，企業にとってどれだけの利益をもたらしているのかを表す正しい指標を示してくれます。また，固定費のうち管理者の裁量によって変化できる固定費とできない固定費に分けて，管理者の業績を評価することに使用することもできます。

（1）CVP分析の方法

　直接原価計算で行ったように原価を**変動費**と**固定費**という分け方をした場合，CVP分析（あるいは，固変分析，損益分岐点分析）と呼ばれる分析が可能になります。この分析では売上高とコスト，利益の関係を明らかにすることができます。Cはコスト（**Cost**），Vはボリューム（**Volume**），Pは利益（**Profit**）を表しています。原価を固定費と変動費に分けた時，

ある前提条件の下で，売上高（製造個数×売価）と，固定費，変動費が計算できれば，残りは利益となります。

$$売上高＝製造個数×売価$$

$$売上高＝コスト＋利益$$

$$売上高＝固定費＋変動費＋利益$$

ここで，利益がゼロの時を考えてみると，

$$売上高＝固定費＋変動費$$

と表せます。これが，損が出ている状態でもなく，利益が出ている状態でもない，ちょうどコスト（固定費と変動費を足したもの）と売上高が同じである状態を示します。もし，これより売上高が少なければ，

$$売上高＜固定費＋変動費$$

と表され，損が出ている状態です。もし，売上高が多ければ，

$$売上高＞固定費＋変動費$$

となり，その差額が利益となります。このように，損が出ている状態と，利益が出ている状態の中間点で，損失と利益を分ける点ですので，**損益分岐点**と呼びます。固定費，変動費，売上高がわかれば，損益分岐点を計算できることから，**CVP**分析はよく使われる手法となっています。

損益分岐点売上高とはどういうものか，式で表してみましょう。

損益分岐点では，利益がゼロであるため，

$$損益分岐点売上高＝固定費＋変動費$$

と表すことができます。両辺を売上高で割ります。

$$\frac{損益分岐点売上高}{売上高}＝\frac{固定費}{売上高}＋\frac{変動費}{売上高}$$

この式では，売上高と，損益分岐点売上高は，同じものです。また，売上高を分母に，変動費を分子に持ってきたものは**変動費率**と呼びましょう。そうすると，

$$1 = \frac{固定費}{売上高} + 変動費率$$

と，書けます。両辺から変動費率を引き算します。

$$1 - 変動費率 = \frac{固定費}{売上高}$$

両辺を 1 －変動費率で割り算し，売上高を掛け算します。すると，

$$売上高 = \frac{固定費}{1 - 変動費率} = \frac{固定費}{1 - \dfrac{単位当たり変動費}{販売単価}}$$

これが，損益分岐点売上高を求める公式となります。ちなみに，変動費率は，売上高を分母に，変動費を分子にしたものでしたから，製品１つの販売単価と製品１つの変動費を割り算から得ることができます。

ここまで示してきた式は，損益分岐点売上高だけでなく，一般的に利益がある場合にも容易に拡張できます。先ほどの式の固定費の部分を，（固定費+利益）と置き換えるだけです。最終的な式は，次のようになります。

$$売上高 = \frac{固定費 + 利益}{1 - 変動費率} = \frac{固定費+利益}{1 - \dfrac{単位当たり変動費}{販売単価}}$$

この式を利用すれば，利益をいくらあげたければ，売上高はいくらでなければならないかを計算で求めることができます。

（2）CVP分析の数値例

理解を深めるために，例題を示しておきましょう。

図表13－4　製造原価の設定

費目	金額
製品1個当たり変動費（材料費）	1,500
固定費	1,000,000
製品価格（製品1個当たり売上高）	2,000

図表13－4のような製品があったとすると，損益分岐点売上高はいくらになるでしょうか？

まず，変動費率の部分を求めてみましょう。製品価格は2,000円，製品1個当たり変動費は1,500円となっています。変動費率は，1,500円÷2,000円ですので，0.75となります。固定費は，1,000,000円ですので，損益分岐点売上高は，

$$\frac{1,000,000円}{1-0.75} = 4,000,000円$$

となります。もし，利益額250,000円を得られる売上高が知りたければ，

$$\frac{1,000,000円 + 250,000円}{1-0.75} = 5,000,000円$$

となります。

CVP分析では，図による説明もよく行われています。図表13－5は，横軸に製造量あるいは操業度，縦軸に金額を取ったものです。売上高と総費用（変動費＋固定費）の交点が，損益分岐点となることを示しています。

最後に，CVP分析でよく出てくる安全率についても紹介しておきましょう。

図表13−5　CVP分析

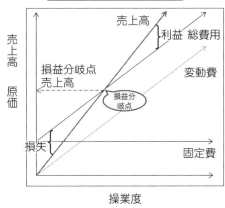

$$安全率 = \frac{売上高 - 損益分岐点売上高}{売上高} = 1 - \frac{損益分岐点売上高}{売上高}$$

　安全率は，売上高がどの程度損益分岐点から離れて利益が出せているかを示す指標になります。当然ですが，安全率が高ければ高いほど，損が出る状態から離れていることになります。数字でみてみましょう。先ほどの利益が250,000円出ているときの安全率は，

$$1 - \frac{4{,}000{,}000円}{5{,}000{,}000円} = 0.2$$

20％ということになります。もし，6,000,000円の売り上げがあれば，

$$1 - \frac{4{,}000{,}000円}{6{,}000{,}000円} = 0.333\cdots$$

となり，約33％の安全率ということになります。売上高が損益分岐点売上高の4,000,000円から離れるほど，安全率も20％から33％と高まっているとみてとれます。

3-3　原価企画（Target Cost Management）

　今まで解説してきた原価計算は，製造段階でのコストをどのように計算するのかというものでした。しかし，企業の発展や存続のため，コスト競争力を高めるということを考えた時，これまでの方法では不十分なのです。特に製品の製造段階を考えてみると，工場で大幅にコストを下げることは困難なことなのです。製造工程だけではなく，むしろその前段階の製品の設計段階を中心に製品コストをマネジメントする活動を，**原価企画**といいます。

　設計図ができあがっているということは，設計図の中に，すでに使用材料や製造段階での処理内容が決められているということを意味します。製品のコストを下げるためには，製造段階だけではなく，その前段階である製品開発段階でどのようにコストを下げるのかを検討することが効果的なのです。このように製造段階の前段階にある設計段階やテスト段階といった製品開発段階で製造コストをコントロールしようとする考え方を**源流管理**といいます。

　原価企画では，製造コストがいくらかかったからいくらの利益を上乗せし，いくらの価格で販売するという考え方をしません。ちなみに，この考え方をプロダクトアウトと呼んでいます。原価企画では，顧客が品質や価格に納得して買ってくれる製品でなければならないという**顧客満足**という考え方を採用します。これをマーケットインと呼んでいます。顧客の視点から製品価格は想定され，同時に企業が得るべき利益を設定します。1台の価格と利益額が決まれば，残るのは1台を製造する原価が必然的に決まってしまいます。この原価を目標コストと呼びます。

- プロダクトアウトの考え方：販売価格＝製品原価＋利益
- マーケットイン（原価企画）の考え方：製品原価（目標コスト）＝販売価格－利益

目標コストは，通常達成するのがむつかしいレベルになりますが，開発

の期間を通じて，技術的・組織的能力を発揮して目標コストを実現できるように活動します。この活動を**目標コストの作りこみ**と呼んでいます。原価企画では，源流管理，顧客満足，目標コストの作りこみという活動を通じて企業のコスト・マネジメントに貢献するという考え方を採ります。

3-4 TOC（Theory of Constraint：制約の理論）

TOCは，イスラエルの物理学者であるエリヤフ・ゴールドラットという物理学者が考え出したロジスティクスやコスト・マネジメントを含む理論です。彼は，ある経営者から工場がうまく機能しなく利益も出ないので，相談に乗ってくれと言われました。そこで考え出されたのがTOCです。工場用の生産スケジュールソフトウェア「OPT」を開発し運用したところ，一気に工場がうまく回り始めました。このOPTにある考え方を広めようと「ザ・ゴール」という小説の形にして世に問いました。これは世界中で話題になり，多くの言語に翻訳されました。

さて，その中の**スループット会計**と呼ばれている内容を紹介しましょう。スループット会計では，従来の原価計算とは異なる言葉を使ったり，その言葉の定義が違ったりします。

スループットは，売上－真の変動費で計算されます。真の変動費とは，原材料費はもちろん，販売コミッション，運賃など販売数量に応じて変化する費用であり，従来の製造原価の範囲を超えるものです。TOCでは，スループットを最大化することがもっとも重要であるとされています。次に，**在庫**を減らすことが重視されます。ここでいう在庫とは，製品に加工して販売するために購入した品目の購入価格という，また従来とは異なる言葉の定義をしています。そして，最後に**作業経費**を下げることがポイントとされます。作業経費とは，在庫をスループットに変えるための費用という定義です。スループットから業務費用を引いて，利益を計算できます。

（1）スループットの計算例

ある工場でテーブルを作っているとしましょう。テーブル1台の販売単

価は，40,000円，月当たり50台を製造販売します。真の変動費はテーブル
1台当たり10,000円，業務費用を1,345,000円とします。この工場での月当
たりのスループットと利益を計算してみましょう。

テーブル1台当たりのスループットは，40,000円−10,000円 = 30,000円

月当たりのスループットは，30,000円 × 50台 = 1,500,000円

月当たりの利益は，1,500,000円−1,345,000円 = 155,000円

となります。

（2）スループットレートの計算例

スループットレートとは，時間当たりのスループットを意味します。ス
ループットレートを計算すれば，製品ミックス（複数の製品の製造割合）
を検討することができます。

図表13−6　製造原価の設定

	製品A	製品B
販売価格	$10,000	$7,500
原材料費（真の変動費）	$5,000	$5,000
スループット	$5,000	$2,500
制約資源での処理時間	10時間	1時間
スループットレート	$500	$2,500

図表13−6のように2製品を製造している工場で，製品ごとのスルー
プットを求めると，製品Aの方が製品Bより，2倍のスループットが得ら
れることがわかります。ここで，各製品の製造時間を考慮に入れて，ス
ループットレートを求めると，逆に製品Bの方が5倍の速さでスループッ
トを得られることがわかります。これは極端な数値例ですが，工場全体の
効率を考えるとき，スループットレートを考慮することが重要だとわかり
ます。

（3）TOCとJIT，伝統的なコスト・マネジメントの比較

スループット＞在庫＞作業経費という重視する順序は，実はジャストイ

ンタイム生産方式（JIT）に近い考え方になります。JITでは，在庫＞ス
ループット＞作業経費という順に重視されると考えられます（もちろん，
それぞれの言葉の定義が少し違いますが）。一方，伝統的なコスト管理方
法では，作業経費＞在庫＞スループットという順になります。TOCは伝
統的なコスト・マネジメントの視点とは全く逆になっているところに注目
してください。もう1点，JITとTOCの類似した点を紹介します。TOCは，
製造工程内の制約工程（生産量のボトルネックとなる工程）を重要視し，
可能な限り生産することを考えます。JITは，製造工程内にボトルネック
が発生させないように工程を管理しています。TOCは，直接原価計算と
も近い関係にあることも付け加えておきます。スループットと貢献利益が
近い関係にあるのです。

4 まとめ

　企業は，利益を求めて事業活動を行っています。利益を生みだせなけれ
ば，生き残っていけません。企業にとって利益は，存在をかけた重要な指
標ということになります。原価を正確に求めることは，利益を正確に求め
るために必要なことです。しかし，現代の社会では，原価を正確に求める
ことは，意外に難しいことなのです。製造間接費をどのように計算するの
かが，難しいからなのです。

　財務諸表の作成時には，原価計算基準に指定された計算方法を採用する
ことになっています。計算方法がまちまちでは企業間の比較ができないた
め，このような基準は必要です。一方，原価を正確に求めることのむずか
しさにどのように対処したらよいのかも考えだされてきました。その方法
は，財務諸表の作成には役立ちませんが，企業の経営にとっては，とても
重要なことになります。みなさんが原価計算の原理を理解し，どのような
方法が必要なのかを考えることが重要です。

Column　変化への対応の大切さ

　ダーウィンという人を知っていますか？　『種の起源』という本を書いた人です。その本の中で，ダーウィンは，「適者生存」ということをいっています。それは，生存競争において，力の強いものが生き残るのではなく，その環境に最も適した生物が生き残っていくという考えです。

　ダーウィンが進化論を提唱した時代には，キリスト教が社会全体を支配していました。その時代においては，生き物は神が創造したものだと信じられていました。ダーウィンの主張は，ある祖先になる生物から枝分かれが起こり，多くの種類の生物が生まれてきたというものです。当時のヨーロッパにおいて，ダーウィンがこのようなことを発表したのは，大変勇気がいる決断だったに違いありません。

　ダーウィンは，1830年代にイギリスのビーグル号にのり，世界1周の航海に出ました。ガラパゴス諸島に立ち寄った時，ゾウガメの甲羅の形が，島ごとに異なることを発見しました。これを機会に，単純で下等な生物が徐々に複雑で高等な生物に進化してきたと考える直線的な進化ではなく，多様な生物が，環境の変化に対応できるかどうかによって，自然に淘汰されてきたことを示しました。

　本書の正式名称は，「自然淘汰（とうた）による種の起原，すなわち生存闘争において有利である種族が保存されることについて」です。企業も同業者間の競争に打ち勝つことだけを考えていては，視野が狭すぎるということでしょう。自社が置かれている環境や状況を判断し，異なる仕事を見つけ出して，変化していくことが必要になるときがやってくるでしょう。世の中の動きに敏感になり，自分で考え，変えていく力が大切なのではないでしょうか。

● 練習問題 ●

1　空欄に適切な用語を補って説明の文章を完成させなさい。

1．下の図のような条件のとき，伝統的な原価とABCによる原価を計算しなさい。ただし，伝統的な原価の配賦基準は，直接材料費とします。

	靴	鞄	費用
納品回数	3回	7回	120,000円
段取回数	1回	1回	80,000円
直接材料費	100,000円	400,000円	
直接労務費	300,000円	200,000円	

2．直接原価計算では，原価を固定費と変動費に分けます。製造や売上量に応じて変動するコストを［　①　］，固定的なコストを［　②　］とします。売上高から［　①　］を引き算すると，［　②　］と［　③　］を足したものが計算されます。これを［　④　］と呼びます。

3．製品1個当たり変動費500円，固定費300,000円，製品価格800円のとき，変動費率は［　⑤　］となります。したがって，損益分岐点売上高は［　⑥　］円となります。また，利益が60,000円になるときの売上高は［　⑦　］円となり，その時の安全率は［　⑧　］となります。

4．ある工場では傘とカッパを作っています。傘1本の販売単価は，8,000円，月当たり120本製造販売します。真の変動費は傘1本あたり2,000円，業務費用は760,000円とします。この工場での月当たりのスループット［　⑨　］と利益［　⑩　］を計算しなさい。また，右の表のような条件の時，傘とカッパそれぞれの単位当たりスループットとスループットレートを求めなさい。

	傘	カッパ
販売価格	¥8,000	¥5,000
真の変動費	¥2,000	¥1,500
スループット	[　⑪　]	[　⑬　]
制約資源での処理時間	30分	15分
スループットレート	[　⑫　]	[　⑭　]

（解答は215ページ）

【さらに学習を深めるための書籍】

① 加登豊・梶原武久『管理会計入門（第2版）』日本経済新聞出版社，2017年

　コスト・マネジメントの変遷とその理由が詳しく書かれています。コスト・マネジメント手法は，1つではありません。コスト・マネジメントという分野だけに限りませんが，与えられた知識を現実の社会に当てはめるだけでは，本当の役には立ちません。本書を読むと，その方法の原理から見直し，自分の頭で考えることが大事だと思わされます。

② 谷武幸『エッセンシャル管理会計（第4版）』中央経済社，2022年

　管理会計全般について書かれた図書です。ABC，原価企画といった本章で取り上げたコスト・マネジメント以外のトピックスについても理解が深まります。

③ 梶原武久『戦略的コストマネジメント』中央経済社，2022年

　①や②などといった原価計算や管理会計分野の図書で勉強した後，手にとることをおすすめします。深く，かつ広くこの分野を理解したい人，また社会人にとって非常に有用な書籍です。

第14章

経営管理への役立ち

1 はじめに

　第13章以外の章においては，主に財務会計という分野についての説明がなされてきました。財務会計の目的は，主に組織（あるいは企業）の外の人々に向けての財務的な報告を行うところにあります。誰に対しての報告なのかといえば，その組織との関係が重要である人々，つまりステークホルダー（利害関係者）への報告となります。まずは，組織と企業について説明しておきましょう。ここでは，組織は，共通の目的を持った人の集まりで，役割分担がなされているグループとしておきます。企業は，利益を求めて結成された組織とします。

　利害関係者には，さまざまな人や組織があると考えられます。材料の供給業者，商品を買ってくれる顧客，資金を貸してくれる銀行，税金を納める国の機関などです。たとえば，自動車製造会社にとってのタイヤの供給業者を考えてみましょう。タイヤのメーカーにとっては，自動車製造会社は重要なお客様です。タイヤのメーカーは自動車製造会社に安心してタイヤを売りたいのですが，もし顧客の自動車製造会社の資金繰りが悪化し，供給したタイヤの売上金が回収できないとしたら大変なことになります。タイヤメーカーは，商売相手の自動車製造会社が間違いなくタイヤの代金を支払ってくれるかどうかに関して，非常に重要な関心があります。このとき，客観的なデータとして，タイヤメーカーは自動車製造会社が公表した会計情報を参考にするのです。社会全体において，この会計情報が信用できるものであることが，経済活動を行っていくうえで重要なのです。こ

のように外部の組織に対する報告は，たとえばどちらの企業と取引を行うべきか，あるいはどちらの企業の株式を購入しようかと考える場合に，複数の企業同士を比較するときにも正しく行われることが重要となります。そのため，外部報告のための会計情報である財務会計は，会計の約束事を守ったものであることが必要とされるのです。そのため，財務会計では，それらの約束事が制度化されています。

　会計には，上記のように制度化された外部報告のためのものだけでなく，組織の内部で使用するものもあります。この組織内部で使用される会計の分野は，管理会計と呼ばれています。組織の内部で使用され，管理者が組織を管理するための会計情報ですので，財務会計のように社会的に制度化されたものではありません。しかし，経営者にとって，自らの組織について必要な情報を得ることは，企業間競争に打ち勝っていくうえで，大変重要であることは間違いがありません。本章においては，これより経営管理に役立つ会計，すなわち管理会計について紹介していくことにします。

　管理会計は経営管理に役立つものと紹介しましたが，その内容は多岐にわたります。ここでは，予算管理，バランススコアカードおよび知的資産について紹介することにします。なお，前章で示した原価構造についての話の発展形としてのコストマネジメントも，管理会計の重要なトピックスです。

2 予算管理

　予算管理とは，予算を用いて経営管理を行う活動のことをいいます。予算は，文字どおり，あらかじめどの業務にどれだけの資金を投入するか，1年間にどれだけの売上高と利益を計上するかといった予定を金額とともに示したものです。

2-1 予算管理のシステム

　一般的な予算管理のシステムを説明しておきましょう。予算管理は，予

算を立てる段階と，予算を実行する段階に分かれます。予算を立てる段階
では，最初に事業活動の計画がなければなりません。その事業活動を行う
上で，必要な資金を評価します。この予算化された計画を集めたものを作
成することを予算編成といいます。予算編成を行っていくうえで，もし必
要な資金が足りないなどとなれば，事業活動の計画を見直しする必要も出
てくるでしょう。できあがった予算をもとに，実際の事業活動を管理して
いくことになります。

　そのことを理解するために予算管理のシステムを見ていきましょう。図
表14-1を見てください。（1）計画を実行し，1．実績を記録していき
ます。2．予算と実績を比較し，差異分析を行い，経営者に報告します。
（2）事業活動の業績を評価します。もし，2の段階で，大きく計画と離
れた実績となっていれば，予算管理としては，3．是正措置が必要である
ことを報告し，（3）事業活動に必要な措置をとることとなります。（4）
事業活動は予算管理によって計画と実績を比較され，次期の計画の立案の
ための参考資料として，あるいは4．予算の修正のための参考にされます。

　このような一連の活動を通じて，事業活動と予算の立案が車の両輪のよ
うに働いていくことになります。

図表14-1　予算管理のシステム

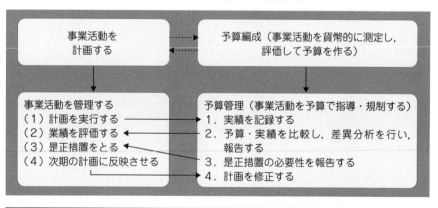

2-2　予算の種類

　予算には，いくつかの種類があります。期間について分類すると，中長期予算と短期予算に分けることができます。短期予算とは，通常1年間の予算で，これを総合予算と呼んでいます。中長期予算は，設備投資の予算や製品開発に関する予算などを含みます。世の中の変化が激しい現代社会では，中長期の予想をすることはなかなか難しいことです。2年後の生活を予想するのはそれほど難しくないかもしれませんが，5年後，10年後の生活を予想しても外れていることが多いでしょう。そこで，中長期予算を立てるにあたっては，**ローリング予算**という方法がとられることがあります。これは，中長期計画におけるすべての期間を完全に終了するまでその計画を実行していくのではなく，少しずつ修正し，改訂しながら中長期の計画を実行していくという方法です。

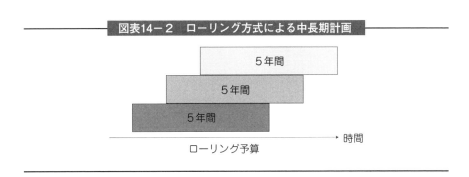

図表14－2　ローリング方式による中長期計画

　そのほか，工場移転プロジェクト，海外進出プロジェクトなど，プロジェクトごとに予算が立てられます。プロジェクト予算は，プロジェクトの開始とともに始まり，プロジェクトの終了により予算管理も役割を終えます。

2-3　予算管理の問題点

　予算管理は，強力な経営ツールです。組織メンバーから新しく，非常に素晴らしいアイディアが出てきたとしても，予算がないといわれたら通常

は諦めてしまうでしょう。予算管理は，同時に問題点も含んでいます。その1つが，予算ゲームと呼ばれているものです。予算を使う現場と予算を立てる本社の予算部門とは通常，異なる部署です。また，予算を決定する人と，予算に示された資源を使って仕事をする人とは異なります。本来，予算は組織全体を考えて，どの部署にどれだけの資金を使えばよいかを考えて作られます。しかし，現場の情報のすべてを本社がわかっているわけではありません。情報の量や質が，予算を立てる人・部署と予算を立てる人・部署で異なっているのです。これを，**情報の非対称性**と呼んでいます。情報の量や質がこのように異なることから，資金を使う現場では，できるだけ多めの予算を取っておき，売り上げや利益に関してはできるだけ少なく見積もっておこうという動機付け（インセンティブ）が働きます。また，予算額が前年度の執行額を参考に作成される場合，次期の予算獲得のために，期の終わりに近づくにつれて無駄とわかっている出費をするといったことも多くおこります。さらに，予算を作成すること自体に，多額の出費と長い時間がかかっています。

2-4 予算管理問題の改善策

予算管理には，上に示したような従業員の貢献への動機付けといった人の問題や，環境の変化への対応，予算の既得権化などという問題があります。

既得権というのは，すでに得ている権利ということですが，会計では次のような意味で使われています。予算作成時に，本来どのような仕事を行うために，どの程度の資源（資金）が必要であるかを考えて決定されます。その必要資源を決定するときに，前年度や前々年度においては該当部署や同じような業務に対して，いくらの予算額が割りふられていたのかを参考に次年度の予算額を決定することが比較的多く見受けられます。そのため，もし年度末になっても予算の消化（使用）が少なかったとすれば，次年度の予算獲得額を減らさないために，無駄とわかっていても無理に予算を消

化するという行動に出ることがよくあるのです。これも，情報の非対称性の弊害でしょう。そして，このような問題に対して，いくつかの対応策があります。

予算の既得権化に対する方策としては，**ゼロベース予算**（Zero-based Budgeting）という考え方があります。これは，前年度の実績は考慮せず，今年度の活動内容のみに注目してその裏付けとなる資源を割り当てるという考え方です。

従業員の働く意欲を削がず，職場での尊重欲求や自己実現欲求を満たすための方策としては，**参加型予算**が考え出されました。管理者だけが予算を決めるのではなく，現場の従業員も予算編成に参加することによって，いくつかのメリットが出てきます。仕事にやりがいが出てくる，従業員自らが参加して決めた予算となるので，自らの目標として受け入れやすくなる，といったことが考えられます。ただし，よいことばかりではありません。ボトムアップで提案されてきた各部署の予算案は，最終的に全社的に統合されて1つの予算として完成させなければなりません。そこでは，調整が必要になり，必ずしも各部署で当初立てた予算がそのまま認められるとは限りません。ボトムアップで作成された予算案でも，最終的にトップダウンで決定される部分があるということは，理解しておく必要があります。

予算決定後の状況や環境変化への対応策としては，予算自体を変更する**期中修正**，予備費を準備しておく**補正予算**，複数の予算を前もって作成しておく**コンティンジェンシー予算**があります。これらの対応策は変化への対応という意味では効果が発揮できる一方，予算自体への取り組み姿勢への甘さ，目標達成への意欲減退などのデメリットを生じさせる可能性もあることに注意しておく必要があります。コンティンジェンシー予算は，異なる状況に対して，前もって複数の予算を立てておくことで対処する方法です。たとえば，電力消費量を推定するときに，厳冬だった場合，暖冬だった場合，通常の冬だった場合の3通りの予算を作成しておくことにな

ります。この方法では，予算作成において通常以上のエネルギーをつぎ込まなくてはなりません。

　最後に，予算管理は強力な管理ツールである一方，さまざまなデメリットもあることから，予算管理自体を諦め，別の管理方法を使うという企業も出てきました。このような動きを脱予算経営と呼んでいます。北欧の企業を中心に広がりを見せはじめています。

3　バランススコアカード（BSC）

　バランススコアカードは，1992年にキャプランとノートンの2人によって発表された経営のためのツールです。バランススコアカード（これ以降はBSCと略します）は発表当初，企業の業績評価のためのツールと位置付けられていましたが，その後の2人の著書で戦略的経営システム，知的資産の戦略的活用のためのツールとして紹介されてきました。ここではBSCを，戦略を実現させるためのツールとして解説します。

3-1　戦略の立案と実行

　戦略という言葉は，もともとは戦争に勝つための方法という意味ですが，経営学では，ある目的を達成するための方策や，枠組み，方向性といった意味で用いられています。経営学で戦略という言葉を使う理由は，競合する企業との顧客獲得競争という戦いの意味で使われているともいえるでしょう。

　「あるべき姿」を英語ではビジョンといいます。現実はビジョンから遠く離れたところにありますが，人や組織は，がんばってビジョンに近づいていくというイメージを持っていただくとよいと思います。ビジョンに近づいていく方法には，幾通りかありえます。そのビジョンに近づく方法を戦略と考えてよいでしょう。幾通りかある戦略のうち，どの戦略がもっとも確実で効率的なのか，といったことを考えて実際の行動を決めることになります。

　経営学には，戦略論という分野があります。ここでは主にどのような状況において，どのような戦略を取りうるのか，またどのような戦略が優れているのかを研究する分野といってよいでしょう。優れた戦略を見出すことは重要です。しかし，単に優れた戦略を立案すれば競争に勝てるか，あるいは目的を達成できるかといえば，そうではありません。当然のことながら，その戦略を確実に実行に移すことが必要です。実は，これまでは戦略の実行段階に関する研究や方法はほとんどありませんでした。たとえば，経営者は従業員に売り上げ目標や利益目標を伝えますが，従業員は具体的にどのような活動をすれば目標が達成できるのか，その方法については明らかにされていません。暗闇の中を手探りで目標達成のために進んでいたといってよいでしょう。BSCは，目標や成果につながる指標を考え，戦略の実現可能性を高めることにつなげたのです。今までになかった，具体的に戦略を実現するためのツールとして働くのです。

3-2　BSCのしくみ

　BSCを提案したキャプランとノートンは，BSCの枠組みの提案をしました。その枠組みとは，まず4〜6程度の視点を選択し，それぞれの視点についていくつかの重要成果指標（Key Performance Indicator: KPI）を選び出します。また，それぞれの指標は因果関係にもとづいており，最終的に目的とする指標の成果を数値で達成できることを目指しています。この枠組みが提案されてからさまざまな企業や公的機関がBSCを導入しました。その結果，現在では，ほぼ次の4つの視点を用いることが標準的になっています。すなわち，財務の視点，顧客の視点，内部プロセスの視点，学習と成長の視点です。財務の視点は，利益や売り上げといったお金に関する視点です。顧客の視点は，顧客から企業を見たときの視点と，企業から顧客を見たときの視点です。顧客から見放されていては，利益や売り上げは得られません。内部プロセスの視点は，コストや品質，生産性，納期といった組織内部の状態を表す視点です。学習と成長の視点は，従業員の訓

練や能力に関する視点です。
従業員の能力が高まらなけ
れば，顧客対応や，内部プ
ロセスについての高い成果
が得られません。

成長期	維持期	収穫期
収益の成長率 売上高成長率	経営利益率 ROA, EVA	自己資本比率 キャッシュ・フロー

　ここで，重要成果指標の
選択について簡単に述べておきます。たとえば，財務の視点に関して，さ
まざまな重要成果指標が考えられます。売上高の成長率，総資産利益率
（ROA），自己資本比率などです。これらの指標を選び出す場合には，ど
の指標がもっとも適しているかを考えて選択することがBSCを成功させる
うえで重要なことになります。たとえば，事業の段階を例にとって考えて
みましょう。始まったばかりの事業で成長期であれば，早めに市場占有率
を高めたいので，収益や売上高の成長性を用います。維持期に入れば，売
上高よりも利益率を考慮したほうがよいので，ROAやEVA（経済的付加
価値：投資家にもたらされた付加価値）などを指標に選びます。今後，大
きな成長が望めない収穫期に入ると，今までの投資を回収したり，キャッ
シュに注目したいので，自己資本比率などを考慮します。

3-3　戦略マップとBSC

　キャプランとノートンは，2003年に『戦略マップ』という本を上梓しま
した。BSCは指標間の因果関係をもとに作成されるのですが，その因果関
係を図示したものが戦略マップです。BSCをいきなり作るのではなく，ま
ず戦略マップを作成して因果関係を確認します。その後，BSCを作成すれ
ば，目標を達成するために何をすべきかがわかりやすくなり，目標達成の
確率も上がります。

3-4　戦略マップとBSCの例

　図表14－3は，サウスウエスト航空の戦略マップです。とてもシンプル

図表14－3　サウスウエスト航空の戦略マップ

財務の視点	顧客の視点	業務プロセスの視点	学習と成長の視点

利益性の向上

売り上げ拡大

低価格

低コスト

定刻の離着陸

実稼働時間のアップ

地上クルーのチームワーク

な図ですが，サウスウエスト航空はBSCを導入することによって大きな成果を上げたといわれています。図の内容を少しみてみましょう。サウスウエスト航空は，自社の戦略の最終的な目標として，利益性の向上を掲げています。「財務の視点」の領域の上部に示しています。

　利益性の向上を達成するうえで，2つのラインが影響を与えるとしています。売り上げ拡大と低コストです。

　まず，売り上げ拡大のラインから見ていきましょう。売り上げを拡大するためには，さらに別の2つのラインがあります。低価格と定刻の離着陸です。「顧客の視点」の領域では，低価格である必要があるとしています。低価格を実現するためには，「業務プロセスの視点」の領域において，実稼働時間のアップが必要であるとしています。航空機は，空港で静止していては，売り上げも利益もありません。航空機を保有している限りは，有効に働かせる必要があります。航空機は，空を飛んでいたり，空港で顧客が乗り降りしているなど，無駄な時間を減らし，稼働率をできるだけ上げることが大事なのです。もう1つの「顧客の視点」が，定刻の離着陸です。サウスウエスト航空の顧客は，主にビジネス客です。ビジネス客は，仕事のために航空機を使っているわけですから，時間どおりに出発し，到着することを非常に重要視します。そのため，売り上げの拡大には，定刻の離

着陸が重要な影響を与えると考えられました。

　2つ目の低コストのラインに移ります。「財務の視点」の領域の低コストを達成するためには，「顧客の視点」での定刻の離着陸と，「業務プロセスの視点」の実稼働時間のアップが影響しているのがみてとれます。定刻の離着陸ができれば不要なコストが削減でき，航空機をフルに稼働させればコストも低減できるとしています。そして，「業務プロセスの視点」にある実稼働時間のアップを達成するためには，最後の「学習と成長の視点」の領域にある地上クルーのチームワークが必要という因果関係が示されています。

　サウスウエスト航空の戦略マップについて詳しく述べましたが，戦略マップを記述する目的は，原因と結果の関係，すなわち要因間の因果関係を明らかにしておくことにあります。BSCは，その要因それぞれを戦略目標として，その戦略目標ごとに，より具体的にその重要成功要因（KSF: Key Success Factor），業績評価指標（KPI: Key Performance Indicator），その数値目標，アクションプランといった項目を設定していきます。図表14-4は，サウスウエスト航空のBSCの一部を示したものです。

図表14-4　サウスウエスト航空のBSC（抜粋）

戦略目標	重要成功要因	業績評価指標	数値目標	アクションプラン
利益性の向上	利益の増加	純利益	20%up	エコノミー乗客への発券・機内食の廃止
顧客の拡大	売り上げ拡大	売上高成長率	30%up	
少ない機種	コスト最小	リースコスト	20%down	
顧客ロイヤリティの拡大	固定客の確保	リピーター比率	90%以上	経済性追求・贅沢志向を区分
定刻の離着陸の厳守	定時運行	定刻離着率	90%以上	
		平均遅延時間	10分以内	

4　知的資産

　近年，会計の分野においても知的資産（あるいは知的資本）に注目が集まってきています。この問題を考えるために，最初に，世の中の動きと，その世の中の動きに合わせて作られたシステムについて考えてみたいと思います。世の中は常に変化しています。特に会計関係では，産業などの盛衰が関係します。

　経営学の始まりをテイラーの科学的管理法に求めるという見方があります。テイラーは20世紀の初めに活躍した人です。このころは，フォードがT型自動車を大量生産しはじめたころです。大量に同じものを製造することで，人々に安く製品を供給しようとします。そういった時代では，大きな設備であるほど，コスト的に有利になります。フォードがリバールージュ工場という，とても大きな工場を作ったことは有名な話です。企業間競争に勝つためには，大きな工場を持ち，多額の資金が必要な生産設備を持つことが必要でした。財務諸表を見れば，企業がどれだけの資産を持っているかがわかります。企業が持っている資産額は企業の体力を表すという意味で，とても有用な情報でした。財務諸表，あるいは会計システムは有効に機能していました。過去形で書いたのは，今もそういえるのかどうか，疑問符が付くからです。今も自動車産業では厳しい競争が続いています。しかし，資産額が大きい企業が競争に勝ち，資産額が小さい企業は競争に負けて消滅していっているでしょうか？　実際は，規模は小さくても，生き残って素晴らしい業績を残している企業もあります。資産額は企業の体力を表す1つの指標ではあるのですが，すべてではありません。20世紀初めに会計が果たしていた大きな役割は，企業の有形の，財務的な資産の額を表すことでした。しかし，現代の社会では財務的な資産以外の要因も重要になってきているのです。その代表的なものが知的資産といえるでしょう。

4-1 知的資産とは

　一口に財務的な資産以外で組織にとって重要なものといっても，人によりさまざまなことが思いつくでしょう。少し考えてみましょう。知的財産権（あるいは知的所有権）というものがあります。これは，法律によって知的な財産であるとすでに認められているものです。特許権や，意匠権，商標権などです。しかし，知的財産権とは認められない程度のブランドやデザイン，技術といったものもあります。これらもやはり知的資産であることには間違いはありません。さらに，ノウハウや顧客関係も，企業にとっては重要な資産でしょう。あるいは，製品開発の結果，生み出された製図や青写真，従業員の技術を生み出す知識や能力，組織の文化といったものも，広く考えれば企業の知的な資産だといえます。知的資産について，多くの人が納得できる，共通に定義されたものは存在しません。

4-2 知的資産の特性

　前項で紹介した知的資産には，財務的な資産とはかなり異なる性質があります。対比しながら考えてみましょう。

　第1は，非競合性です。財務的な資産は，誰かが持っていれば，他の人がまったく同じものを持つことはできません。しかし，知的資産は違います。ある人や組織が持っている知識や作業方法などは，他の人も得たり，特許権などで縛られていなければ，真似をしたりすることができます。

　第2は，収穫逓増性です。アイディアや知識，情報といったものは，蓄積していく性質があります。最初に知識，アイディアや興味がなければ，知識などは増えていきません。そして，もとになる知識があれば，ますますその知識に関連する知識やアイディアが増えていきます。あればあるほど早く集まってくることを収穫逓増性があるといいます。財務的な資産にはこういった性質はありません。逆にある程度大きくなってくると，得られるものが徐々に減っていく収穫逓減性という性質をもちます。

　第3は，特定企業依存性・特定コンテキスト依存性です。知的資産がも

つ価値は，ある特定の組織やコンテキスト（関係性，背景，文脈や状況といったもの）によって異なるという性質があります。ある企業にとってはとても重要な知識であっても，他の企業ではまったく必要のないものといったことがこれにあたります。同時に，真似をすることが難しいという性質もあります。組織のコンテキストがまったく同じということは通常ありえないからです。知識には，ポータブル知識とそうでないものがあります。ポータブル知識とは，持ち運べる知識であり，複数の企業にわたって役立つ知識です。ポータブルでない知識は，その企業やその組織だけでしか通用しなかったり，価値が認められない知識のことです。ある企業の部長が他社に移っても，部長の仕事ができないことがあります。これは，一般的に部長職がポータブルでない知識を使って仕事をしているからだと考えられます。財務的な資産には，このような依存性は通常ありません。

　第4は，ネットワーク効果です。ネットワークの規模が大きくなると，そのネットワークの参加者の利益が増えます。これをネットワーク効果といいます。電話加入権を例にとりましょう。電話は1人だけで使うことはできません。多くの人が使うようになってはじめて，電話を使うことの便利さが生まれてきます。財務的な資産は，そういった効果はありません。

　このように，知識やアイディアといった知的資産には，財務的な資産とはかなり異なった性質があります。では，現在の会計は，この知的資産をどのように取り扱っているのかを見ていきましょう。

4-3　無形資産の認識

　会計の約束事によれば，資産は取得原価，あるいはそれを生み出すのにかかった原価で計上されます。暖簾（のれん）と研究開発費について考えてみます。企業や組織を買い取り，その取得対価がその企業・組織の純資産の額より高ければ，その差額は暖簾として認識されます。暖簾という方法は無形資産を認識するために生み出されたものといえます。ここからいえることは，自らの組織内で生み出したものであり，売り買いされていな

いとすれば，この知的資産は認識されないということです。

次に，研究費は費用処理され，開発費は技術的な実現可能性が高いという条件のもとで資産として計上することができることになっています。逆にいえば，技術的に実現可能性が高くない開発費であれば，費用処理しなければなりません。

4-4 環境や社会状況の変化と会計システム

20年前，30年前と現代を比較すると，いろいろな変化がありました。いかに効率よく生産するのかが重視されたプロダクト型経済から，ソフトウェアやシステム，ネットワークや顧客資産が重視されるナレッジ型経済に変化していると考えられます。このような変化の中で，現在の会計の仕組みと対応を考えてみようと思います。

第1点目は，知的資産の認識の仕方についてです。現在の会計では，知的資産については，実際の取引にもとづいた投資支出額を資産額とすることになっています。これを取引アプローチと呼びましょう。取引額を用いる理由は，知的資産の測定が難しいことと，取引があれば取引額そのものが信頼できるものであるということを利用しています。他方で，知的資産の経済的価値を測定し，認識しようとする考え方があります。これを評価アプローチと呼びます。

第2点目として，評価アプローチをとったとき，さらにいくつかの考え方があります。第1は，コストアプローチです。知的資産を開発し，あるいは取得した時のコストをもとに評価しようとするものです。第2は，マーケットアプローチです。市場取引を行うとすれば，いくらで売買されるかを参照し，その評価額をもとに評価するという考え方です。第3は，インカムアプローチです。割引現在価値（DCF）法にもとづいて，将来の経済的な利益額を現在価値で評価しようとするものです。

第3点目として，現行の会計が知的資産をどのように認識できるのかについて考えてみます。アメリカ財務会計基準審議会（FASB 1985）の資

産の定義を引用しましょう。

> 　資産は過去の取引または事象の結果として，ある特定の実態により取得
> または支配されている，発生の可能性の高い将来の経済的便益である。

　ここには3つの要件が入っています。経済的便益，支配可能性，既発生取引です。

　経済的便益は，用益潜在力とも呼ばれ，現金ないし将来の純キャッシュ・インフローを表しています。支配可能性は，ある資産の将来の経済的便益を獲得し，他社がそれに接近するのを排除または統制する実態の能力（排他的資源利用権）です。「4-2　知的資産の特性」において述べたように，知的資産は非競合的なものです。そのため，この定義では，知的資産は資産として認められません。既発生取引は，将来の経済的便益を得るための現在の能力のみが該当し，交換取引などの外部的取引を通じて将来の価値源泉が獲得されることとされます。しかし，知的資産は通常，組織の中で時間をかけて生み出されるものであるため，取引で得られるもののほうが特殊であるといえます。その意味で知的資産は資産の定義を満たしません。

4-5　今後の展開

　ステークホルダーにとって，あるいは社会にとって，知的資産は今後ますます重要になっていくと思われます。1つの流れとして，古くから確立されてきた現在の財務報告書に知的資産報告書をプラスしようとする動きがあります。デンマークの知的資産ガイドラインや，MERITUM（イノベーションマネジメントを理解し，改善するための知的資産の測定：Measuring Intangibles to Understand and Improve Innovation Management）があります。これは，企業の知的資産のマネジメントと価値を作り出すための戦略的なツールを目指すものです。その内容として，1）知的資源の調達と開発，配分などの実態を企業内外のステークホル

ダーに報告すること，2）非財務的なデータ，将来に関する情報，定性的な説明の記述を検討すること，3）生み出される価値の内容，知的資源や知識の内容があり，報告書に書かれる内容や表示方法については決まったものはないことが，特徴としてあげられます。

5 まとめ

　本章では，経営管理に役立てる会計という分野について，いくつかのトピックスを紹介しました。

　予算については，強力な経営管理ツールであると同時に，すべてがうまくいくというものではなく，うまく使わないと問題を引き起こすこともあると述べました。

　BSCは，戦略を実現するためのツールとして認められています。戦略を立てるだけでは，実現できません。立てた戦略をどのように実現させるかの方法に関して，従来よい方法がありませんでした。BSCは，戦略を実現するために認められた唯一のツールといってよいでしょう。しかし，BSCの導入を決めただけでは効果が発揮できるものではありません。何度も試行錯誤を繰り返して，実効力のあるものに作り変えていく努力が必要でしょう。

　知的資産については，まだ始まったばかりの考え方といえるでしょう。たとえば，統合報告書です。これは，企業の売り上げや利益などの財務情報と，環境・社会・ガバナンス（Environment, Society, Governance）問題への対応や，中長期の経営戦略などの非財務情報を関連付けて報告しようとするものです。このように，会計の分野において，どのように知的資産を取り扱っていけばよいのか，今後の検討課題であるといえます。現在，会計システムが果たしている役割を見定め，どのように変化していくべきか，会計業務に携わる者が考えていかなければならないものといえます。

| Column | **環境と会計** |

　会計には，測定し，それを伝えるという機能があります。会計の機能を用いて，環境問題の解決に役立てようと考えられてきました。それが，環境会計と呼ばれる分野です。従来から，この問題に関連する会計手法として，ライフサイクルコスティングとマテリアルフローコスト会計というものがあります。

　ライフサイクルコスティングとは，製品が生まれてから使命を終えるまでのトータルコストという意味で用いますが，その中で複数の視点があります。1つ目は，企業の視点です。製品を企画し，開発し，生産を行うというライフサイクルです。このコストは，通常製品の販売価格で評価されています。2つ目は，消費者の視点です。製品を購入し，使用し，廃棄するまでにかかるコストです。3つ目は，社会的コストの視点です。社会や環境全体から見てその製品が及ぼす全コストを評価するものです。

　マテリアルフローコスト会計は，工場への材料の投入や製品・廃棄物の評価，および廃棄物コストを目に見える形に表し，生産性向上に役立てることを可能にします。

　環境問題は，まだまだ統一的な理解という段階にまでは至っていません。かつては，大気汚染，水質汚染，騒音，振動といった公害が環境問題の主なものでした。現在では，エネルギー消費をいかに減らすかといった問題や，二酸化炭素・フロンガス・放射性物質・PM2.5などの排出が，大きく取り上げられています。これらは地球規模の問題です。地球上にはさまざまな国が存在します。発展途上の国であれば，先進国に比べて環境問題よりも経済成長のほうがより重要視されることは理解できるでしょう。また，文化の違いによっても，何を優先させるのかが違ってきます。そういった状況において，環境会計はどのような役割を果たせるのでしょうか。会計は，何も考えずに正しい答えを導き出すものではありません。どのように使えば，人々の暮らしに役立てることができるのかを考えていきましょう。

● 練習問題 ●

1 空欄に適切な用語を補って説明の文章を完成させなさい。

1．財務会計の目的は，組織との関係が重要である，主に組織外部の人々
（［ ① ］という）に向けて財務的な ［ ② ］ を行うところにあります。
財務会計は，約束事が ［ ③ ］ されています。一方，組織の内部において
使用する ［ ④ ］ 会計があります。

2．予算管理における問題点の１つは，［ ⑤ ］ の非対称性にあります。たと
えば，資金を使う現場では，できるだけ ［ ⑥ ］ の予算を取っておき，売
り上げや利益に関してはできるだけ ［ ⑦ ］ の見積りにしておこうとする
［ ⑧ ］ が働きます。

3．バランススコアカード（BSC）は，戦略を ［ ⑨ ］ したのちに，戦略を
［ ⑩ ］ するためのツールとして用いられます。一般的には，［ ⑪ ］ つ
の視点を用いて作成されます。目標を達成するために要因間の因果関係を図
示したものは，［ ⑫ ］ と呼ばれています。

4．知的資産には，財務的な資産と比べると大きく異なる性質があります。
［ ⑬ ］ は，真似をしたり，他の人が使うことができるという性質です。
［ ⑭ ］ は，増えれば増えるほど，役に立つという性質です。［ ⑮ ］ は，
状況に応じて有用性が異なるという性質です。［ ⑯ ］ は，多くの人が使う
ことによって，より有用性が高まるという性質です。

（解答は215ページ）

【さらに学習を深めるための書籍】

① 古賀智敏『知的資産の会計 改訂増補版 マネジメントと測定・開示』千
倉書房，2012年

「ブランド・技術力・特許・ノウハウ」といった目に見えない資産をいかに

活用し，測定・開示するかを，海外の事例を用いて解説しています。

② キャプラン・ノートン『キャプランとノートンの戦略バランスト・スコア
カード』東洋経済新報社，2001年

バランスト・スコアカードを戦略を実現するための手法として著した本で
す。この本がバランスト・スコアカードのターニングポイントとなったとい
えます。

種々の関連する図書をいくつか読むこともよいのですが，オリジナルにあ
たることも重要でしょう。

●練習問題の解答●

(第 1 章)

[1]

①	②	③	④	⑤	⑥
単式	利益	現金	会計年度	期末	当期
⑦	⑧	⑨	⑩	⑪	⑫
財産法	損益法	情報	利害	財務	管理

(第 2 章)

[1]

①	②	③	④	⑤	⑥	⑦
利害関係者	権利	資金	配当金	経営者	対立	会社
⑧	⑨	⑩	⑪	⑫	⑬	
利害	利害調整	財政状態	経営成績	金融商品取引	情報提供	

（第3章）

1

精　算　表

(単位：円)

勘定科目	残高試算表		決算整理		損益計算書		貸借対照表	
	借方	貸方	借方	貸方	借方	貸方	借方	貸方
現金	80,000						80,000	
売掛金	120,000						120,000	
売買目的有価証券	35,000			5,000			30,000	
繰越商品	80,000		60,000	80,000			60,000	
消耗品	5,000			3,000			2,000	
備品	45,000						45,000	
買掛金		97,500						97,500
貸倒引当金		2,000		1,600				3,600
備品減価償却累計額		9,000		4,500				13,500
資本金		100,000						100,000
売上		901,500				901,500		
仕入	500,000		80,000	60,000	520,000			
給料	75,000				75,000			
支払家賃	170,000				170,000			
	1,110,000	1,110,000						
備品減価償却費			4,500		4,500			
貸倒引当金繰入額			1,600		1,600			
有価証券評価損			5,000		5,000			
消耗品費			3,000		3,000			
当期純利益					122,400			122,400
			154,100	154,100	901,500	901,500	337,000	337,000

（第4章）

1

①	②	③	④	⑤
財政状態	資　産	負　債	純資産	経営成績
⑥	⑦	⑧	⑨	
経常損益	特別損益	営業損益	営業外損益	

（第5章）

1

①	②	③	④	⑤	⑥
流動資産	1年	1年基準	受取手形	売掛金	有価証券
⑦	⑧	⑨	⑩	⑪	
たな卸資産	流動性	営業活動	取得原価	時価	

（第6章）

1

①	②	③	④
有形固定資産	無形固定資産	投資その他の資産	投資活動
⑤	⑥	⑦	
減価償却	1,000,000円	7,000,000円	

※⑥＝10,000,000円÷10

※⑦＝10,000,000－1,000,000×3年

（第7章）

1

①	②	③	④	⑤	⑥
自己	純資産	株主資本	資本金	資本剰余金	利益剰余金
⑦	⑧	⑨	⑩	⑪	⑫
他人	負債	流動負債	固定負債	正常営業循環	1年

(第8章)

1

①	②	③	④	⑤	⑥
収益	費用	成果	努力	履行義務	販売
⑦	⑧	⑨	⑩	⑪	
生産	回収	発生	費用収益対応	支出額	

(第9章)

1

①	②	③	④	⑤	⑥
キャッシュ・フロー	資金的な裏づけ	品質	資金繰り	安全性	現金及び現金同等物
⑦	⑧	⑨	⑩	⑪	⑫
営業	投資	財務	直接	間接	直接

(第10章)

1

なお，解答は小数第2位を四捨五入している。

①負債比率：42.9％　（＝ $\dfrac{52,327 + 38,332}{211,088} \times 100$）

②自己資本比率：70％　（＝ $\dfrac{211,088}{110,388 + 191,359} \times 100$）

③流動比率：211％　（＝ $\dfrac{110,388}{52,327} \times 100$）

④当座比率：161.1％　（＝ $\dfrac{84,278}{52,327} \times 100$）

（第11章）

[1]

なお，解答は小数第3位を四捨五入している。

①総資産経常利益率：5.3％（＝ $\dfrac{196,730 - 127,233 - 61,999 + 9,803 - 1,289}{110,388 + 191,359} \times 100$）

②自己資本当期純利益率：5.95％（＝ $\dfrac{12,553}{211,088} \times 100$）

③売上高営業利益率：3.81％（＝ $\dfrac{196,730 - 127,233 - 61,999}{196,730} \times 100$）

④売上高販管費率：31.51％（＝ $\dfrac{61,999}{196,730} \times 100$）

（第12章）

[1]

製品X：300 × 600 = 180,000円

製品Y：300 × 200 = 60,000円

※製造間接費配賦率：240,000 ÷（600 + 200）= 300円/時間

[2]

期末仕掛品原価：55,000円（＝ 45,000 + 10,000）

※期末仕掛品直接材料費 =（50,000 + 400,000）× $\dfrac{200}{100 + 1,900}$ = 45,000円

※期末仕掛加工費 =（20,000 + 170,000）× $\dfrac{200 \times 0.5}{1,800 + 200 \times 0.5}$ = 10,000円

練習問題の解答　215

(第13章)

1

	靴	鞄
伝統的な原価	440,000円	760,000円
ABCによる原価	476,000円	724,000円

①	②	③	④	⑤	⑥
変動費	固定費	利益	貢献利益	0.625	800,000
⑦	⑧	⑨	⑩	⑪	⑫
960,000	0.1667（あるいは，17%）	960,000円	200,000円	6,000円	12,000円
⑬	⑭				
3,500円	14,000円				

(第14章)

1

①	②	③	④	⑤	⑥
ステークホルダー	報告	制度化	管理	情報	多め
⑦	⑧	⑨	⑩	⑪	⑫
少なめ	インセンティブ	立案	実行	4	戦略マップ
⑬	⑭	⑮	⑯		
非競合性	収穫逓増性	特定企業依存性・特定コンテキスト依存性	ネットワーク効果		

《編著者紹介》

小澤　義昭（おざわ　よしあき）

米国シラキュース大学経営大学院修了。博士（商学）（関西学院大学），公認会計士。元PwCあらた監査法人代表社員，2012年より桃山学院大学経営学部教授。

主要著書

『監査実施プロセスの理論と実践』（中央経済社，単著），『社外監査役等ハンドブック』（日本公認会計士協会出版局，日本公認会計士協会編），『監査・証明業務の多様性に関する研究』（日本公認会計士協会出版局，松本祥尚編著），『監査の品質に関する研究』（同文舘出版，町田祥弘編著）など。

山田伊知郎（やまだ　いちろう）

神戸大学大学院経営学研究科博士後期課程修了。博士（経営学）（神戸大学）。2013年より桃山学院大学経営学部教授。

主要著書

『管理会計研究のフロンティア』（中央経済社，加登豊・松尾貴巳・梶原武久編著）など。

中村　恒彦（なかむら　つねひこ）

神戸大学大学院経営学研究科博士後期課程修了。博士（経営学）（神戸大学）。2017年より桃山学院大学経営学部教授。

主要著書

『会計学のイデオロギー分析』（森山書店，単著），『会計のヒストリー80』（中央経済社，編著）など。

新版 まなびの入門会計学（第4版）

2002年3月25日　第1版第1刷発行	
2006年3月30日　第2版第1刷発行	編著者　小　澤　義　昭
2009年4月1日　第2版第7刷発行	山　田　伊知郎
2010年10月20日　改題第1版第1刷発行	中　村　恒　彦
2014年10月15日　改題第1版第7刷発行	
2016年3月1日　改題第2版第1刷発行	発行者　山　本　　継
2017年9月30日　改題第2版第2刷発行	
2018年3月1日　改題第3版第1刷発行	発行所　㈱中央経済社
2023年1月30日　改題第3版第6刷発行	
2024年3月20日　改題第4版第1刷発行	発売元　㈱中央経済グループ
	パブリッシング

〒101-0051　東京都千代田区神田神保町1-35
電話　03（3293）3371（編集代表）
　　　03（3293）3381（営業代表）
https://www.chuokeizai.co.jp
印刷／三英グラフィック・アーツ㈱
製本／㈲井上製本所

© 2024
Printed in Japan

＊頁の「欠落」や「順序違い」などがありましたらお取り替えいたしますので発売元までご送付ください。（送料小社負担）

ISBN978-4-502-48771-2　C3034

日商簿記検定試験　完全対応
最新の出題傾向に沿って厳選された
練習問題を多数収録
大幅リニューアルでパワーアップ！

検定 簿記ワークブック

◆1級～3級／全7巻
■問題編〔解答欄付〕■解答編〔取りはずし式〕

◇日商簿記検定試験合格への最も定番の全7巻シリーズ。最近の出題傾向を踏まえた問題構成と，実際の試験形式による「総合問題」で実力を養う。

◇「問題編」には直接書き込める解答欄を設け，「解答編」は学習に便利な取りはずし式で解説が付いている。

◇姉妹書「検定簿記講義」の学習内容と連動しており，検定試験突破に向けて最適の問題集。

1級	商業簿記・会計学 上巻／下巻
	渡部裕亘・片山　覚・北村敬子 [編著]
	工業簿記・原価計算 上巻／下巻
	岡本　清・廣本敏郎 [編著]
2級	商業簿記　渡部裕亘・片山　覚・北村敬子 [編著]
	工業簿記　岡本　清・廣本敏郎 [編著]
3級	商業簿記　渡部裕亘・片山　覚・北村敬子 [編著]

中央経済社